Gröls Verlage

„BÜCHER SIND WIE FALLSCHIRME. SIE NÜTZEN UNS NICHTS, WENN WIR SIE NICHT ÖFFNEN."

Gröls Verlag

Redaktionelle Hinweise und Impressum

Das vorliegende Werk wurde zugunsten der Authentizität sehr zurückhaltend bearbeitet. So wurden etwa ursprüngliche Rechtschreibfehler *nicht* systematisch behoben, denn kleine Unvollkommenheiten machen das Buch – wie im Übrigen den Menschen – erst authentisch. Mitunter wurden jedoch zum Beispiel Absätze behutsam neu getrennt, um den Lesefluss zu erleichtern.

Um die Texte zu rekonstruieren, werden antiquarische Bücher von Lesegeräten gescannt und dann durch eine Software lesbar gemacht. Der so entstandene Text wird von Menschen gegengelesen und korrigiert – hierbei treten auch Fehler auf. Wenn Sie ebenfalls antiquarische Texte einreichen möchten, finden Sie weitere Informationen auf www.groels.de

Viel Freude bei der Lektüre wünscht Ihnen das Team des Gröls-Verlags.

Adressen

Verleger: Sophia Gröls, Im Borngrund 26, 61440 Oberursel

Externer Dienstleister für Distribution & Herstellung: BoD, In de Tarpen 42, 22848 Norderstedt

Unsere „Edition | Werke der Weltliteratur" hat den Anspruch, eine der größten und vollständigsten Sammlungen klassischer Literatur in deutscher Sprache zu sein. Nach und nach versammeln wir hier nicht nur die „üblichen Verdächtigen" von Goethe bis Schiller, sondern auch Kleinode der vergangenen Jahrhunderte, die – zu Unrecht – drohen, in Vergessenheit zu geraten. Wir kultivieren und kuratieren damit einen der wertvollsten Bereiche der abendländischen Kultur. Kleine Auswahl:

Francis Bacon • Neues Organon • **Balzac** • Glanz und Elend der Kurtisanen • **Joachim H. Campe** • Robinson der Jüngere • **Dante Alighieri** • Die Göttliche Komödie • **Daniel Defoe** • Robinson Crusoe • **Charles Dickens** • Oliver Twist • **Denis Diderot** • Jacques der Fatalist • **Fjodor Dostojewski** • Schuld und Sühne • **Arthur Conan Doyle** • Der Hund von Baskerville • **Marie von Ebner-Eschenbach** • Das Gemeindekind • **Elisabeth von Österreich** • Das Poetische Tagebuch • **Friedrich Engels** • Die Lage der arbeitenden Klasse • **Ludwig Feuerbach** • Das Wesen des Christentums • **Johann G. Fichte** • Reden an die deutsche Nation • **Fitzgerald** • Zärtlich ist die Nacht • **Flaubert** • Madame Bovary • **Gorch Fock** • Seefahrt ist not! • **Theodor Fontane** • Effi Briest • **Robert Musil** • Über die Dummheit • **Edgar Wallace** • Der Frosch mit der Maske • **Jakob Wassermann** • Der Fall Maurizius • **Oscar Wilde** • Das Bildnis des Dorian Grey • **Émile Zola** • Germinal • **Stefan Zweig** • Schachnovelle • **Hugo von Hofmannsthal** • Der Tor und der Tod • **Anton Tschechow** • Ein Heiratsantrag • **Arthur Schnitzler** • Reigen • **Friedrich Schiller** • Kabale und Liebe • **Nicolo Machiavelli** • Der Fürst • **Gotthold E. Lessing** • Nathan der Weise • **Augustinus** • Die Bekenntnisse des heiligen Augustinus • **Marcus Aurelius** • Selbstbetrachtungen • **Charles Baudelaire** • Die Blumen des Bösen • **Harriett Stowe** • Onkel Toms Hütte • **Walter Benjamin** • Deutsche Menschen • **Hugo Bettauer** • Die Stadt ohne Juden • **Lewis Caroll** • *und viele mehr….*

Theodor Herzl

Der Judenstaat

Inhalt

Vorrede

Der Gedanke, den ich in dieser Schrift ausführe, ist ein uralter. Es ist die Herstellung des Judenstaates.

Die Welt widerhallt vom Geschrei gegen die Juden, und das weckt den eingeschlummerten Gedanken auf. Ich erfinde nichts, das wolle man sich vor allem und auf jedem Punkte meiner Ausführungen deutlich vor Augen halten. Ich erfinde weder die geschichtlich gewordenen Zustände der Juden noch die Mittel zur Abhilfe. Die materiellen Bestandteile des Baues, den ich entwerfe, sind in der Wirklichkeit vorhanden, sind mit Händen zu greifen; jeder kann sich davon überzeugen. Will man also diesen Versuch einer Lösung der Judenfrage mit einem Worte kennzeichnen, so darf man ihn nicht „Phantasie", sondern höchstens „Kombination" nennen.

Gegen die Behandlung als Utopie muß ich meinen Entwurf zuerst verteidigen. Eigentlich bewahre ich damit nur die oberflächlichen Beurteiler vor einer Albernheit, die sie begehen könnten. Es wäre ja keine Schande, eine menschenfreundliche Utopie geschrieben zu haben. Ich könnte mir auch einen leichteren literarischen Erfolg bereiten, wenn ich für Leser, die sich unterhalten wollen, diesen Plan in den gleichsam unverantwortlichen Vortrag eines Romans brächte. Aber das ist keine solche liebenswürdige Utopie, wie man sie vor und nach Thomas Morus so häufig produziert hat. Und ich glaube, die Lage der Juden in verschiedenen Ländern ist arg genug, um einleitende Tändeleien überflüssig zu machen.

Um den Unterschied zwischen meiner Konstruktion und einer Utopie erkennbar zu machen, wähle ich ein interessantes Buch der letzten Jahre: „Freiland“ von Dr. Theodor Hertzka. Das ist eine sinnreiche Phantasterei, von einem durchaus modernen, national-ökonomisch gebildeten Geist erdacht, und so lebensfern wie der Äquatorberg, auf dem dieser Traumstaat liegt. „Freiland“ ist eine komplizierte Maschinerie mit vielen Zähnen und Rädern, die sogar ineinander greifen; aber nichts beweist mir, daß sie in Betrieb gesetzt werden könne. Und selbst wenn ich Freilandsvereine entstehen sehe, werde ich es für einen Scherz halten.

Hingegen enthält der vorliegende Entwurf die Verwendung einer in der Wirklichkeit vorkommenden Treibkraft. Die Zähne und Räder der zu bauenden Maschine deute ich nur an, in aller Bescheidenheit, unter Hinweis auf meine Unzulänglichkeit und im Vertrauen darauf, daß es besser ausführende Mechaniker geben wird, als ich einer bin.

Auf die treibende Kraft kommt es an. Und was ist diese Kraft?

Die Judennot

Wer wagt zu leugnen, daß diese Kraft vorhanden sei? Wir werden uns damit im Kapitel über die Gründe des Antisemitismus beschäftigen.

Man kannte auch die Kampfkraft, die im Teekessel durch Erhitzung des Wassers entstand und den Deckel hob. Diese Teekesselerscheinung sind die zionistischen Versuche und viele andere Formen der Vereinigung „zur Abwehr des Antisemitismus“.

Nun sage ich, daß diese Kraft, richtig verwendet, mächtig genug ist, eine große Maschine zu treiben, Menschen und Güter zu befördern. Die Maschine mag aussehen, wie man will.

Ich bin im Tiefsten davon überzeugt, daß ich Recht habe – ich weiß nicht, ob ich in der Zeit meines Lebens Recht behalten werde. Die ersten Männer, welche diese Bewegung beginnen, werden schwerlich ihr ruhmvolles Ende sehen. Aber schon durch das Beginnen kommt ein hoher Stolz und das Glück der innerlichen Freiheit in ihr Dasein.

Um den Entwurf vor dem Verdacht der Utopie zu schützen, will ich auch sparsam sein mit malerischen Details der Schilderung. Ich vermute ohnehin, daß gedankenloser Spott durch Zerrbilder des von mir Entworfenen das Ganze zu entkräften versuchen wird. Ein im übrigen gescheiter Jude, dem ich die Sache vortrug, meinte: „Das als wirklich dargestellte zukünftige Detail ist das Merkmal der Utopie.“ Das ist falsch. Jeder Finanzminister rechnet in seinem Staatsvoranschläge mit zukünftigen Ziffern und nicht nur mit solchen, die er aus dem Durchschnitt früherer Jahre oder aus anderen vergangenen und in anderen Staaten vorkommenden Erträgen konstruiert, sondern auch mit präzedenzlosen Ziffern, beispielsweise bei Einführung einer neuen Steuer. Man muß nie ein Budget angesehen haben, um das nicht zu wissen. Wird man darum einen Finanzgesetzentwurf für eine Utopie halten, selbst wenn man weiß, daß der Voranschlag nie ganz genau eingehalten werden kann?

Aber ich stelle noch härtere Zumutungen an meine Leser. Ich verlange von den Gebildeten, an die ich mich wende, ein Umdenken und Umlernen mancher alten Vorstellung. Und gerade den besten Juden, die sich um die Lösung der Judenfrage tätig bemüht haben, mute ich zu, ihre bisherigen Versuche als verfehlt und unwirksam anzusehen.

In der Darstellung der Idee habe ich mit einer Gefahr zu kämpfen. Wenn ich all die in der Zukunft liegenden Dinge zurückhaltend sage, wird es scheinen, als glaubte ich selbst nicht an ihre Möglichkeit. Wenn ich dagegen die Verwirklichung vorbehaltlos ankündige, wird alles vielleicht wie ein Hirngespinst aussehen.

Darum sage ich deutlich und fest: Ich glaube an die Möglichkeit der Ausführung, wenn ich mich auch nicht vermesse, die endgültige Form des Gedankens gefunden zu haben. Der Judenstaat ist ein Weltbedürfnis, folglich wird er entstehen.

Von irgendeinem einzelnen betrieben, wäre es eine recht verrückte Geschichte – aber wenn viele Juden gleichzeitig darauf eingehen, ist es vollkommen vernünftig, und die Durchführung bietet keine nennenswerten Schwierigkeiten. Die Idee hängt nur von der Zahl ihrer Anhänger ab. Vielleicht werden unsere aufstrebenden jungen Leute, denen jetzt schon alle Wege versperrt sind und denen sich im Judenstaate die sonnige Aussicht auf Ehre, Freiheit und Glück eröffnet, die Verbreitung der Idee besorgen.

Ich selbst halte meine Aufgabe mit der Publikation dieser Schrift für erledigt. Ich werde das Wort nur noch nehmen, wenn Angriffe beachtenswerter Gegner mich dazu zwingen oder wenn es gilt, unvorhergesehene Einwände zu widerlegen, Irrtümer zu beseitigen.

Ist das, was ich sage, heute noch nicht richtig? Bin ich meiner Zeit voraus? Sind die Leiden der Juden noch nicht groß genug? Wir werden sehen.

Es hängt also von den Juden selbst ab, ob diese Staatsschrift vorläufig nur ein Staatsroman ist. Wenn die jetzige Generation noch zu dumpf ist, wird eine andere, höhere, bessere kommen. Die Juden, die wollen, werden ihren Staat haben, und sie werden ihn verdienen.

Einleitung

Die volkswirtschaftliche Einsicht von Männern, die mitten im praktischen Leben stehen, ist oft verblüffend gering. Nur so läßt sich erklären, daß auch Juden das Schlagwort der Antisemiten gläubig nachsagen: wir lebten von den „Wirtsvölkern", und wenn wir kein „Wirtsvolk" um uns hätten, müßten wir verhungern. Das ist einer der Punkte, auf denen sich die Schwächung unseres Selbstbewußtseins durch die ungerechten Anklagen zeigt. Wie verhält es sich mit dem „Wirtsvolklichen" in Wahrheit? Soweit das nicht die alte physiokratische Beschränktheit enthält, beruht es auf dem kindlichen Irrtum, daß im Güterleben immer dieselben Sachen rundlaufen. Nun müssen wir nicht erst, wie Rip van Winkle, aus vieljährigem Schlafe erwachen, um zu erkennen, daß die Welt sich durch das unaufhörliche Entstehen neuer Güter verändert. In unserer vermöge der technischen

Fortschritte wunderbaren Zeit sieht auch der geistig Ärmste mit seinen verklebten Augen rings um sich her neue Güter auftauchen. Der Unternehmungsgeist hat sie geschaffen.

Die Arbeit ohne Unternehmungsgeist ist die stationäre, alte; ihr typisches Beispiel, die des Ackerbauers, der noch genau dort steht, wo sein Urvater vor tausend Jahren stand. Alle materielle Wohlfahrt ist durch Unternehmer verwirklicht worden. Man schämt sich beinahe, eine solche Banalität niederzuschreiben. Selbst wenn wir also ausschließlich Unternehmer wären – wie die törichte Übertreibung behauptet –, brauchten wir kein „Wirtsvolk“. Wir sind nicht auf einen Rundlauf immer gleicher Güter angewiesen, weil wir neue Güter erzeugen.

Wir haben Arbeitssklaven von unerhörter Kraft, deren Erscheinen in der Kulturwelt eine tödliche Konkurrenz für die Handarbeit war: das sind die Maschinen. Wohl braucht man auch Arbeiter, um die Maschinen in Bewegung zu setzen; aber für diese Erfordernisse haben wir Menschen genug, zu viel. Nur wer die Zustände der Juden in vielen Gegenden des östlichen Europa nicht kennt, wird zu behaupten wagen, daß die Juden zur Handarbeit untauglich oder unwillig seien. Aber ich will in dieser Schrift keine Verteidigung der Juden vornehmen. Sie wäre nutzlos. Alles Vernünftige und sogar alles Sentimentale ist über diesen Gegenstand schon gesagt worden. Nun genügt es nicht, die treffenden Gründe für Verstand und Gemüt zu finden; die Hörer müssen zuerst fähig sein zu begreifen, sonst ist man ein Prediger in der Wüste. Sind aber die Hörer schon so weit, so hoch, dann ist die ganze Predigt überflüssig. Ich glaube an das Aufsteigen der Menschen zu immer höheren Graden der Gesittung; nur halte ich es für ein verzweifelt langsames. Wollten wir warten, bis sich der Sinn auch der mittleren Menschen zur Milde abklärt, die Lessing hatte, als er „Nathan den Weisen“ schrieb, so könnte darüber unser Leben und das unserer Söhne, Enkel, Urenkel vergehen. Da kommt uns der Weltgeist von einer anderen Seite zu Hilfe.

Dieses Jahrhundert hat uns eine köstliche Renaissance gebracht durch technische Errungenschaften. Nur für die Menschlichkeit ist dieser märchenhafte Fortschritt noch nicht verwendet. Die Entfernungen der Erdoberfläche sind überwunden, und dennoch quälen wir uns ab mit Leiden der Enge. Schnell und gefahrlos jagen wir jetzt in riesigen Dampfern über früher unbekannte Meere. Sichere Eisenbahnen führen wir hinauf in eine Bergwelt, die man ehemals mit Angst zu Fuß bestieg. Die Vorgänge in Ländern, die noch gar nicht entdeckt waren, als Europa die Juden in Ghetti sperrte, sind uns in der nächsten Stunde bekannt. Darum ist die Judennot ein Anachronismus – und nicht, weil es schon vor hundert Jahren eine Aufklärungszeit gab, die in Wirklichkeit nur für die vornehmsten Geister bestand.

Nun meine ich, daß das elektrische Licht durchaus nicht erfunden wurde, damit einige Snobs ihre Prunkgemächer beleuchten, sondern damit wir bei seinem Scheine die Fragen der Menschheit lösen. Eine, und nicht die unbedeutendste, ist die Judenfrage. Indem wir sie lösen, handeln wir nicht nur für uns selbst, sondern auch für viele andere Mühselige und Beladene.

Die Judenfrage besteht. Es wäre töricht, sie zu leugnen. Sie ist ein verschlepptes Stück Mittelalter, mit dem die Kulturvölker auch heute beim besten Willen noch nicht fertig werden konnten.

Den großmütigen Willen zeigten sie ja, als sie uns emanzipierten. Die Judenfrage besteht überall, wo Juden in merklicher Anzahl leben. Wo sie nicht ist, da wird sie durch hinwandernde Juden eingeschleppt. Wir ziehen natürlich dahin, wo man uns nicht verfolgt; durch unser Erscheinen entsteht dann die Verfolgung. Das ist wahr, muß wahr bleiben, überall, selbst in hochentwickelten Ländern – Beweis Frankreich –, solange die Judenfrage nicht politisch gelöst ist. Die armen Juden tragen jetzt den Antisemitismus nach England, sie haben ihn schon nach Amerika gebracht.

Ich glaube den Antisemitismus, der eine vielfach komplizierte Bewegung ist, zu verstehen. Ich betrachte diese Bewegung als Jude, aber ohne Haß und Furcht. Ich glaube zu erkennen, was im Antisemitismus roher Scherz, gemeiner Brotneid, angeerbtes Vorurteil, religiöse Unduldsamkeit – aber auch, was darin vermeintliche Notwehr ist. Ich halte die Judenfrage weder für eine soziale noch für eine religiöse, wenn sie sich auch noch so und anders färbt. Sie ist eine nationale Frage, und um sie zu lösen, müssen wir sie vor allem zu einer politischen Weltfrage machen, die im Rate der Kulturvölker zu regeln sein wird.

Wir sind ein Volk, ein Volk.

Wir haben überall ehrlich versucht, in der uns umgebenden Volksgemeinschaft unterzugehen und nur den Glauben unserer Väter zu bewahren. Man läßt es nicht zu. Vergebens sind wir treue und an manchen Orten sogar überschwengliche Patrioten, vergebens bringen wir dieselben Opfer an Gut und Blut wie unsere Mitbürger, vergebens bemühen wir uns, den Ruhm unserer Vaterländer in Künsten und Wissenschaften, ihren

Reichtum durch Handel und Verkehr zu erhöhen. In unseren Vaterländern, in denen wir ja auch schon seit Jahrhunderten wohnen, werden wir als Fremdlinge ausgeschrien; oft von solchen, deren Geschlechter noch nicht im Lande waren, als unsere Väter da schon seufzten. Wer der Fremde im Lande ist, das kann die Mehrheit entscheiden; es ist eine Machtfrage, wie alles im Völkerverkehre. Ich gebe nichts von unserem ersessenen guten Recht preis, wenn ich das als ohnehin mandatloser einzelner sage. Im jetzigen Zustande der Welt und wohl noch in unabsehbarer Zeit geht Macht vor Recht. Wir sind also vergebens überall brave Patrioten, wie es die Hugenotten waren, die man zu wandern zwang. Wenn man uns in Ruhe ließe. ...

Aber ich glaube, man wird uns nicht in Ruhe lassen. Durch Druck und Verfolgung sind wir nicht zu vertilgen. Kein Volk der Geschichte hat solche Kämpfe und Leiden ausgehalten wie wir. Die Judenhetzen haben immer nur unsere Schwächlinge zum Abfall bewogen. Die starken Juden kehren trotzig zu ihrem Stamme heim, wenn die Verfolgungen ausbrechen. Man hat das deutlich in der Zeit unmittelbar nach der Judenemanzipation sehen können. Den geistig und materiell höher stehenden Juden kam das Gefühl der Zusammengehörigkeit gänzlich abhanden. Bei einiger Dauer des politischen Wohlbefindens assimilieren wir uns überall; ich glaube, das ist nicht unrühmlich. Der Staatsmann, der für seine Nation den jüdischen Rasseneinschlag wünscht, müßte daher für die Dauer unseres politischen Wohlbefindens sorgen. Und selbst ein Bismarck vermöchte das nicht.

Denn tief im Volksgemüt sitzen alte Vorurteile gegen uns. Wer sich davon Rechenschaft geben will, braucht nur dahin zu horchen, wo das Volk sich aufrichtig und einfach äußert: Das Märchen und das Sprichwort sind antisemitisch. Das Volk ist überall ein großes Kind, das man freilich erziehen kann; doch diese Erziehung würde im günstigsten Falle so ungeheure Zeiträume erfordern, daß wir uns, wie ich schon sagte, vorher längst auf andere Weise können geholfen haben.

Die Assimilierung, worunter ich nicht etwa nur Äußerlichkeiten der Kleidung, gewisser Lebensgewohnheiten, Gebräuche und der Sprache, sondern ein Gleichwerden in Sinn und Art verstehe, die Assimilierung der Juden könnte überall nur durch die Mischehe erzielt werden. Diese müßte aber von der Mehrheit als Bedürfnis empfunden werden; es genügt keineswegs, die Mischehe gesetzlich als zulässig zu erklären. Die ungarischen Liberalen, die das jetzt getan haben, befinden sich in einem bemerkenswerten Irrtum. Und diese doktrinär eingerichtete Mischehe wurde durch einen der ersten Fälle gut illustriert; ein getaufter Jude heiratete eine Jüdin. Der Kampf um die jetzige Form der Eheschließung hat aber die Gegensätze zwischen Christen und Juden in Ungarn vielfach verschärft und dadurch der Rassenvermischung mehr geschadet als genützt. Wer den Untergang der Juden durch Vermischung wirklich wünscht, kann dafür nur eine Möglichkeit sehen. Die Juden müßten vorher so viel ökonomische Macht erlangen, daß dadurch das alte gesellschaftliche Vorurteil überwunden würde. Das Beispiel liefert die Aristokratie, in der die Mischehen verhältnismäßig am häufigsten vorkommen. Der alte Adel läßt sich mit Judengeld neu vergolden, und dabei werden jüdische Familien resorbiert. Aber wie würde sich diese Erscheinung in den mittleren Schichten gestalten, wo die Judenfrage ihren Hauptsitz hat, weil die Juden ein Mittelstandsvolk sind? Da wäre die vorher nötige Erlangung der Macht gleichbedeutend mit der wirtschaftlichen Alleinherrschaft der Juden, die ja schon jetzt fälschlich behauptet wird. Und wenn schon die jetzige Macht der Juden solche Wut- und Notschreie der Antisemiten hervorruft, welche Ausbrüche kämen erst durch das weitere Wachsen dieser Macht! Eine solche Vorstufe der Resorption kann nicht erreicht werden; denn es wäre die Unterjochung der Majorität durch eine noch vor kurzem verachtete Minorität, die nicht im Besitze der kriegerischen oder administrativen Gewalt ist. Ich halte deshalb die Resorption der Juden auch auf dem Wege des Gedeihens für unwahrscheinlich. In den derzeit antisemitischen Ländern wird man mir beipflichten. In den anderen, wo sich die Juden augenblicklich wohlbefinden, werden meine Stammesgenossen meine Behauptungen vermutlich auf das heftigste bestreiten. Sie werden mir erst glauben, bis sie wieder von der Judenhetze heimgesucht sind. Und je länger der Antisemitismus auf sich warten läßt, um so grimmiger muß er ausbrechen. Die Infiltration hinwandernder, von der scheinbaren Sicherheit angezogener Juden sowie die aufsteigende Klassenbewegung der autochthonen Juden wirken dann gewaltig zusammen und drängen zu einem Umsturz. Nichts ist einfacher als dieser Vernunftschluß.

Daß ich ihn aber unbekümmert und nur der Wahrheit folgend ziehe, wird mir voraussichtlich den Widerspruch, die Feindschaft der in günstigen Verhältnissen lebenden Juden eintragen. Soweit es nur Privatinteressen sind, deren Träger sich aus Beschränktheit oder Feigheit bedroht fühlen, könnte man mit lachender Verachtung darüber hinweggehen. Denn die

Sache der Armen und Bedrückten ist wichtiger. Ich will jedoch von vornherein keine unrichtigen Vorstellungen aufkommen lassen: namentlich die nicht, daß, wenn jemals dieser Plan verwirklicht würde, die besitzenden Juden an Hab und Gut geschädigt werden könnten. Darum will ich das Vermögensrechtliche ausführlich erklären. Kommt hingegen der ganze Gedanke nicht über die Literatur heraus, so bleibt ja ohnehin alles beim alten. Ernster wäre der Einwand, daß ich den Antisemiten zur Hilfe komme, wenn ich uns ein Volk, ein Volk nenne, daß ich die Assimilierung der Juden, wo sie sich vollziehen will, hindere und, wo sie sich vollzogen hat, nachträglich gefährde, soweit ich als einsamer Schriftsteller überhaupt etwas zu hindern oder zu gefährden vermag.

Dieser Einwand wird namentlich in Frankreich hervorkommen. Ich erwarte ihn auch an anderen Orten, will aber nur den französischen Juden im voraus antworten, weil sie das stärkste Beispiel liefern.

Wie sehr ich auch die Persönlichkeit verehre, die starke Einzelpersönlichkeit des Staatsmannes, Erfinders, Künstlers, Philosophen oder Feldherrn sowohl als die Gesamtpersönlichkeit einer historischen Gruppe von Menschen, die wir Volk nennen, wie sehr ich auch die Persönlichkeit verehre, beklage ich doch nicht ihren Untergang. Wer untergehen kann, will und muß, der soll untergehen. Die Volkspersönlichkeit der Juden kann, will und muß aber nicht untergehen. Sie kann nicht, weil äußere Feinde sie zusammenhalten. Sie will nicht, das hat sie in zwei Jahrtausenden unter ungeheuren Leiden bewiesen. Sie muß nicht, das versuche ich in dieser Schrift nach vielen anderen

Juden, welche die Hoffnung nicht aufgaben, darzutun. Ganze Äste des Judentums können absterben, abfallen; der Baum lebt.

Wenn nun alle oder einige französische Juden gegen diesen Entwurf protestieren, weil sie sich bereits „assimiliert" hätten, so ist meine Antwort einfach: Die ganze Sache geht sie nichts an. Sie sind israelitische Franzosen, vortrefflich! Dies ist jedoch eine innere Angelegenheit der Juden.

Nun würde allerdings die staatsbildende Bewegung, die ich vorschlage, den israelitischen Franzosen ebensowenig schaden wie den „Assimilierten" anderer Länder. Nützen würde sie ihnen im Gegenteil, nützen! Denn sie wären in ihrer „chromatischen Funktion", um Darwins Worte zu gebrauchen, nicht mehr gestört. Sie könnten sich ruhig assimilieren, weil der jetzige Antisemitismus für immer zum Stillstand gebracht wäre. Man würde es ihnen auch glauben, daß sie bis ins Innerste ihrer Seele assimiliert sind, wenn der neue Judenstaat mit seinen besseren Einrichtungen zur Wahrheit geworden ist und sie dennoch bleiben, wo sie jetzt wohnen.

Noch mehr Vorteil als die christlichen Bürger würden die „Assimilierten" von der Entfernung der stammestreuen Juden haben. Denn die Assimilierten werden die beunruhigende, unberechenbare, unvermeidliche Konkurrenz des jüdischen Proletariats los, das durch politischen Druck und wirtschaftliche Not von Ort zu Ort, von Land zu Land geworfen wird. Dieses schwebende Proletariat würde festgemacht werden. Jetzt können manche christlichen Staatsbürger – man nennt sie Antisemiten – sich gegen die Einwanderung fremder Juden sträuben. Die israelitischen Staatsbürger können das nicht, obwohl sie viel schwerer betroffen sind; denn auf sie drückt zunächst der Wettbewerb gleichartiger wirtschaftlicher Individuen, die zudem auch noch den Antisemitismus importieren oder den vorhandenen verschärfen. Es ist ein heimlicher Jammer der Assimilierten, der sich in „wohltätigen“ Unternehmungen Luft macht. Sie gründen Auswanderungsvereine für zureisende Juden. Diese Erscheinung enthält einen Gegensinn, den man komisch finden könnte, wenn es sich nicht um leidende Menschen handelte. Einzelne dieser Unterstützungsvereine sind nicht für, sondern gegen die verfolgten Juden da; die Ärmsten sollen nur recht schnell, recht weit weggeschafft werden. Und so entdeckt man bei aufmerksamer Betrachtung, daß mancher scheinbare Judenfreund nur ein als Wohltäter verkleideter Antisemit jüdischen Ursprungs ist.

Aber selbst die Kolonisierungsversuche wirklich wohlmeinender Männer haben sich bisher nicht bewährt, obwohl es interessante Versuche waren. Ich glaube nicht, daß es sich bei dem oder jenem nur um einen Sport gehandelt habe; daß der oder jener arme Juden wandern ließ, wie man Pferde rennen läßt. Dazu ist die Sache denn doch zu ernst und traurig. Interessant waren diese Versuche insofern, als sie im kleinen die praktischen Vorläufer der Judenstaatsidee vorstellten. Und sogar nützlich waren sie insofern, als dabei Fehler gemacht wurden, aus denen man bei einer Verwirklichung im großen lernen kann. Freilich ist durch diese Versuche auch Schaden gestiftet worden. Die Verpflanzung des Antisemitismus nach neuen Gegenden, welche die notwendige Folge einer solchen künstlichen Infiltration ist, halte ich noch für den geringsten Nachteil. Schlimmer ist, daß die ungenügenden Ergebnisse bei den Juden selbst Zweifel an der Brauchbarkeit des jüdischen Menschenmaterials hervorriefen. Diesem Zweifel wird aber bei den Verständigen durch folgende einfache Argumentation beizukommen sein: Was im kleinen unzweckmäßig oder undurchführbar ist, muß es noch nicht im großen sein. Ein kleines Unternehmen kann unter denselben Bedingungen Verlust bringen, unter denen ein großes sich rentiert. Ein Bach ist nicht einmal mit Kähnen schiffbar; der Fluß, in den er sich ergießt, trägt stattliche eiserne Fahrzeuge.

Niemand ist stark oder reich genug, um ein Volk von einem Wohnort nach einem anderen zu versetzen. Das vermag nur eine Idee. Die Staatsidee hat wohl eine solche Gewalt. Die Juden haben die ganze Nacht ihrer Geschichte hindurch nicht aufgehört, diesen königlichen Traum zu träumen: „Übers Jahr in Jerusalem!“ ist unser altes Wort. Nun handelt es sich darum, zu zeigen, daß aus dem Traum ein taghheller Gedanke werden kann.

Dazu muß vor allem in den Seelen tabula rasa gemacht werden von mancherlei alten, überholten, verworrenen, beschränkten Vorstellungen. So werden dumpfe Gehirne zunächst meinen, daß die Wanderung aus der Kultur hinaus in die Wüste gehen müsse. Nicht wahr! Die Wanderung vollzieht sich mitten in der Kultur. Man kehrt nicht auf eine niedrigere Stufe zurück, sondern ersteigt eine höhere. Man bezieht keine Lehmhütten, sondern schönere, modernere Häuser, die man sich neu baut und ungefährdet besitzen darf. Man verliert nicht sein erworbenes Gut, sondern verwertet es. Man gibt sein gutes Recht nur auf gegen ein besseres. Man trennt sich nicht von seinen lieben Gewohnheiten, sondern findet sie wieder. Man verläßt das alte Haus nicht, bevor das neue fertig ist. Es ziehen immer nur diejenigen, die sicher sind, ihre Lage dadurch zu verbessern. Erst die Verzweifelten, dann die Armen, dann die Wohlhabenden, dann die Reichen. Die Vorangegangenen erheben sich in die höhere Schicht, bis diese letztere ihre Angehörigen nachschickt. Die Wanderung ist zugleich eine aufsteigende Klassenbewegung.

Und hinter den abziehenden Juden entstehen keine wirtschaftlichen Störungen, keine Krisen und Verfolgungen, sondern es beginnt eine Periode der Wohlfahrt für die verlassenen Länder. Es tritt eine innere Wanderung der christlichen Staatsbürger in die aufgegebenen Positionen der Juden ein. Der Abfluß ist ein allmählicher, ohne jede Erschütterung, und schon sein Beginn ist das Ende des Antisemitismus. Die Juden scheiden als geachtete Freunde, und wenn einzelne dann zurückkommen, wird man sie in den zivilisierten Ländern genauso wohlwollend aufnehmen und behandeln wie andere fremde Staatsangehörige. Diese Wanderung ist auch keine Flucht, sondern ein geordneter Zug unter der Kontrolle der öffentlichen Meinung. Die Bewegung ist nicht nur mit vollkommen gesetzlichen Mitteln einzuleiten, sie kann überhaupt nur durchgeführt werden unter freundlicher Mitwirkung der beteiligten Regierungen, die davon wesentliche Vorteile haben.

Für die Reinheit der Idee und die Kraft ihrer Ausführung sind Bürgschaften nötig, die sich nur in sogenannten „moralischen“ oder „juristischen“ Personen finden lassen. Ich will diese beiden Bezeichnungen, die in der Juristensprache häufig verwechselt werden, auseinanderhalten. Als moralische Person, welche Subjekt von Rechten außerhalb der Privatvermögenssphäre ist, stelle ich die Society of Jews auf. Daneben steht die juristische Person der Jewish Company, die ein Erwerbswesen ist.

Der einzelne, der auch nur Miene machte, ein solches Riesenwerk zu unternehmen, könnte ein Betrüger oder ein Wahnsinniger sein. Für die Reinheit der moralischen Person bürgt der Charakter ihrer Mitglieder. Die ausreichende Kraft der juristischen Person ist erwiesen durch ihr Kapital.

Durch die bisherigen Vorbemerkungen wollte ich nur in aller Eile den ersten Schwarm von Einwendungen abwehren, den schon das Wort „Judenstaat" hervorrufen muß. Von hier weiter wollen wir uns mit mehr Ruhe auseinandersetzen, andere Einwände bekämpfen und manches schon Angedeutete gründlicher ausführen, wenn auch die Schwerfälligkeit im Interesse der Schrift, die fliegen soll, nach Möglichkeit zu vermeiden sein wird. Kurze aphoristische Kapitel dienen einem solchen Zweck wohl am besten.

Wenn ich an die Stelle eines alten Baues einen neuen setzen will, muß ich zuerst demolieren und dann konstruieren. Diese vernünftige Reihenfolge werde ich also einhalten. Zuerst im allgemeinen Teil sind die Begriffe zu klären, dumpfe alte Vorstellungen hinwegzuräumen, die politischen und nationalökonomischen Vorbedingungen festzustellen und der Plan zu entwickeln.

Im besonderen Teil, der in drei Hauptabschnitte zerfällt, ist die Ausführung darzustellen. Diese Hauptabschnitte sind: Jewish Company, Ortsgruppen und Society of Jews. Die Society soll zwar zuerst entstehen, und die Company zuletzt; aber im Entwurf empfiehlt sich die umgekehrte Ordnung, weil gegen die finanzielle Durchführbarkeit sich die größten Bedenken erheben werden, die also zunächst zu widerlegen sind.

Im Schlußworte wird dann den noch übrigen vermutbaren Einwendungen ein letztes Treffen zu liefern sein. Meine jüdischen Leser mögen mir geduldig bis ans Ende folgen. Bei manchem werden die Einwendungen in anderer Reihenfolge entstehen als in der hier gewählten der Widerlegung. Wessen Bedenken aber vernünftig besiegt sind, der soll sich zur Sache bekennen.

Indem ich nun zur Vernunft spreche, weiß ich dennoch wohl, daß die Vernunft allein nicht genügt. Alte Gefangene gehen nicht gern aus dem Kerker. Wir werden sehen, ob uns schon die Jugend, die wir brauchen, nachgewachsen ist; die Jugend, welche die Alten mitreißt, auf starken Armen hinausträgt und die Vernunftgründe umsetzt in Begeisterung.

Allgemeiner Teil

Die Judenfrage

Die Notlage der Juden wird niemand leugnen. In allen Länden, wo sie in merklicher Anzahl leben, werden sie mehr oder weniger verfolgt. Die Gleichberechtigung ist zu ihren Ungunsten fast überall tatsächlich aufgehoben, wenn sie im Gesetze auch existiert. Schon die mittelhohen Stellen im Heer, in öffentlichen und privaten Ämtern sind ihnen unzugänglich. Man versucht, sie aus dem Geschäftsverkehr hinauszudrängen: „Kauft nicht bei Juden!“

Die Angriffe in Parlamenten, Versammlungen, Presse, auf Kirchenkanzeln, auf der Straße, auf Reisen – Ausschließung aus gewissen Hotels – und selbst an Unterhaltungsorten mehren sich von Tag zu Tag. Die Verfolgungen haben verschiedenen Charakter nach Ländern und Gesellschaftskreisen. In Rußland werden Judendörfer gebrandschatzt, in Rumänien erschlägt man ein paar Menschen, in Deutschland prügelt man sie gelegentlich durch, in Österreich terrorisieren die Antisemiten das ganze öffentliche Leben, in Algerien treten Wanderhetzprediger auf, in Paris knöpft sich die sogenannte bessere Gesellschaft zu, die Cercles schließen sich gegen die Juden ab. Die Nuancen sind zahllos. Es soll hier übrigens nicht eine wehleidige Aufzählung aller jüdischen Beschwerden versucht werden. Wir wollen uns nicht bei Einzelheiten aufhalten, wie schmerzlich sie auch seien.

Ich beabsichtige nicht, eine gerührte Stimmung für uns hervorzurufen. Das ist alles faul, vergeblich und unwürdig. Ich begnüge mich, die Juden zu fragen: Ob es wahr ist, daß in den Ländern, wo wir in merklicher Anzahl wohnen, die Lage der jüdischen Advokaten, Ärzte, Techniker, Lehrer und Angestellten aller Art immer unerträglicher wird? Ob es wahr, daß unser ganzer jüdischer Mittelstand schwer bedroht ist? Ob es wahr, daß gegen unsere Reichen alle Leidenschaften des Pöbels gehetzt werden? Ob es wahr, daß unsere Armen viel härter leiden als jedes andere Proletariat?

Ich glaube, der Druck ist überall vorhanden. In den wirtschaftlich obersten Schichten der Juden bewirkt er ein Unbehagen. In den mittleren Schichten ist es eine schwere dumpfe Beklommenheit. In den unteren ist es die nackte Verzweiflung.

Tatsache ist, daß es überall auf dasselbe hinausgeht, und es läßt sich im klassischen Berliner Rufe zusammenfassen: „Juden raus!"

Ich werde nun die Judenfrage in ihrer knappsten Form ausdrücken: Müssen wir schon „raus"? und wohin?

Oder können wir noch bleiben? und wie lange?

Erledigen wir zuerst die Frage des Bleibens. Können wir auf bessere Zeiten hoffen, uns in Geduld fassen, mit Gottergebung abwarten, daß die Fürsten und Völker der Erde in eine für uns gnädigere Stimmung geraten? Ich sage, wir können keinen Umschwung der Strömung erwarten. Warum? Die Fürsten – selbst wenn wir ihrem Herzen ebenso nahestehen wie die anderen Bürger – können uns nicht schützen. Sie würden den Judenhaß indossieren, wenn sie den Juden zuviel Wohlwollen bezeigten. Und unter diesem „zuviel" ist weniger zu verstehen, als worauf jeder gewöhnliche Bürger oder jeder Volksstamm Anspruch hat. Die Völker, bei denen Juden wohnen, sind alle samt und sonders verschämt oder unverschämt Antisemiten.

Das gewöhnliche Volk hat kein historisches Verständnis und kann keines haben. Es weiß nicht, daß die Sünden des Mittelalters jetzt an den europäischen Völkern heimkommen. Wir sind, wozu man uns in den Ghetti gemacht hat. Wir haben zweifellos eine Überlegenheit im Geldgeschäfte erlangt, weil man uns im Mittelalter daraufgeworfen hat. Jetzt wiederholt sich der gleiche Vorgang. Man drängt uns wieder ins Geldgeschäft, das jetzt Börse heißt, indem man uns alle anderen Erwerbszweige abbindet. Sind wir aber in der Börse, so wird das wieder zur neuen Quelle unserer Verächtlichkeit. Dabei produzieren wir rastlos mittlere Intelligenzen, die keinen Abfluß haben und dadurch eine ebensolche Gesellschaftsgefahr sind wie die wachsenden Vermögen. Die gebildeten und besitzlosen Juden fallen jetzt alle dem Sozialismus zu. Die soziale Schlacht müßte also jedenfalls auf unserem Rücken geschlagen werden, weil wir im kapitalistischen wie im sozialistischen Lager auf den exponiertesten Punkten stehen.

Bisherige Versuche der Lösung

Die künstlichen Mittel, die man bisher zur Überwindung des Judennotstandes aufwandte, waren entweder zu kleinlich – wie die verschiedenen Kolonisierungen – oder falsch gedacht, wie die Versuche, die Juden in ihrer jetzigen Heimat zu Bauern zu machen.

Was ist denn damit getan, wenn man ein paar tausend Juden in eine andere Gegend bringt? Entweder sie gedeihen, und dann entsteht mit ihrem Vermögen der Antisemitismus – oder sie gehen gleich zugrunde. Mit den bisherigen Versuchen der Ableitung armer Juden nach anderen Ländern haben wir uns schon vorhin beschäftigt. Die Ableitung ist jedenfalls ungenügend und zwecklos, wenn nicht geradezu zweckwidrig. Die Lösung wird dadurch nur vertagt, verschleppt und vielleicht sogar erschwert.

Wer aber die Juden zu Ackerbauern machen will, der ist in einem wunderlichen Irrtume begriffen. Der Bauer ist nämlich eine historische Kategorie, und man erkennt das am besten an der Tracht, die in den meisten Ländern Jahrhunderte alt ist, sowie an seinen Werkgerätschaften, die genau dieselben sind wie zu Urväterzeiten. Sein Pflug ist noch so, er sät aus der Schürze, mäht mit der geschichtlichen Sense und drischt mit dem Flegel.

Wir wissen aber, daß es jetzt für all das Maschinen gibt. Die Agrarfrage ist auch nur eine Maschinenfrage. Amerika muß über Europa siegen, so wie der Großgrundbesitz den kleinen vertilgt. Der Bauer ist also eine auf den Aussterbeetat gesetzte Figur. Wenn man den Bauer künstlich konserviert, so geschieht es wegen der politischen Interessen, denen er zu dienen hat. Neue Bauern nach dem alten Rezept machen zu wollen, ist ein unmögliches und törichtes Beginnen. Niemand ist reich oder stark genug, die Kultur gewaltsam zurückzuschrauben. Schon das Erhalten veralteter Kulturzustände ist eine ungeheuere Aufgabe, für die alle Machtmittel selbst des autokratisch geleiteten Staates kaum ausreichen. Will man also dem Juden, der intelligent ist, zumuten, ein Bauer alten Schlages zu werden? Das wäre gerade so, wie wenn man dem Juden sagte: „Da hast du eine Armbrust, zieh in den Krieg!" – Was? Mit einer Armbrust, wenn die anderen Kleinkalibergewehre und Kruppsche Kanonen haben? Die Juden, die man verbauern will, haben vollkommen recht, wenn sie sich unter solchen Umständen nicht vom Flecke rühren. Die Armbrust ist eine schöne Waffe, und sie stimmt mich elegisch, wenn ich Zeit habe. Aber sie gehört ins Museum.

Nun gibt es freilich Gegenden, wo die verzweifelten Juden sogar aufs Feld gehen oder doch gehen möchten. Und da zeigt sich, daß diese Punkte – wie die Enklave von Hessen in Deutschland und manche Provinzen Rußlands – gerade die Hauptnester des Antisemitismus sind.

Denn die Weltverbesserer, die den Juden ackern schicken, vergessen eine sehr wichtige Person, die sehr viel dreinzureden hat. Und das ist der Bauer. Auch der Bauer hat vollkommen recht. Grundsteuer, Erntegefahr, Druck der Großbesitzer, die billiger arbeiten, und besonders die amerikanische Konkurrenz machen ihm das Leben sauer genug. Dazu können die Kornzölle nicht ins Endlose wachsen. Man kann den Fabrikarbeiter doch auch nicht verhungern lassen; man muß, weil sein politischer Einfluß im Steigen ist, sogar immer mehr Rücksicht auf ihn nehmen.

Alle diese Schwierigkeiten sind wohlbekannt, ich erwähne sie daher nur flüchtig. Ich wollte lediglich andeuten, wie wertlos die bisherigen in bewußter Absicht – in den meisten Fällen auch in löblicher Absicht – gemachten Versuche der Lösung waren. Weder die Ableitung noch die künstliche Herabdrückung des geistigen Niveaus in unserem Proletariat kann helfen. Das Wundermittel der Assimilierung haben wir schon erörtert.

So ist dem Antisemitismus nicht beizukommen. Er kann nicht behoben werden, solange seine Gründe nicht behoben sind. Sind diese aber behebbar?

Gründe des Antisemitismus

Wir sprechen jetzt nicht mehr von den Gemütsgründen, alten Vorurteilen und Borniertheiten, sondern von den politischen und wirtschaftlichen Gründen. Unser heutiger Antisemitismus darf nicht mit dem religiösen Judenhasse früherer Zeiten verwechselt werden, wenn der Judenhaß auch in einzelnen Ländern noch jetzt eine konfessionelle Färbung hat. Der große Zug der judenfeindlichen Bewegung ist heute ein anderer. In den Hauptländern des Antisemitismus ist dieser eine Folge der Judenemanzipation. Als die Kulturvölker die Unmenschlichkeit der Ausnahmegesetze einsahen und uns freiließen, kam die Freilassung zu spät. Wir waren gesetzlich in unseren bisherigen

Wohnsitzen nicht mehr emanzipierbar. Wir hatten uns im Ghetto merkwürdigerweise zu einem Mittelstandsvolk entwickelt und kamen als eine fürchterliche Konkurrenz für den Mittelstand heraus. So standen wir nach der Emanzipation plötzlich im Ringe der Bourgeoisie und haben da einen doppelten Druck auszuhalten, von innen und von außen. Die christliche Bourgeoisie wäre wohl nicht abgeneigt, uns dem Sozialismus als Opfer hinzuwerfen; freilich würde das wenig helfen.

Dennoch kann man die gesetzliche Gleichberechtigung der Juden, wo sie besteht, nicht mehr aufheben. Nicht nur, weil es gegen das moderne Bewußtsein wäre, sondern auch, weil das sofort alle Juden, arm und reich, den Umsturzparteien zujagen würde. Man kann eigentlich nichts Wirksames gegen uns tun. Früher nahm man den Juden ihre Juwelen weg. Wie will man heute das bewegliche Vermögen fassen? Es ruht in bedruckten Papierstücken, die irgendwo in der Welt, vielleicht in christlichen Kassen, eingesperrt sind. Nun kann man freilich die Aktien und Prioritäten von Bahnen, Banken, industriellen Unternehmungen aller Art durch Steuern treffen, und wo die progressive Einkommenssteuer besteht, läßt sich auch der ganze Komplex des beweglichen Vermögens packen. Aber alle derartigen Versuche können nicht gegen Juden allein gerichtet sein, und wo man es dennoch versuchen möchte, erlebt man sofort schwere wirtschaftliche Krisen, die sich keineswegs auf die zuerst betroffenen Juden beschränken. Durch diese Unmöglichkeit, den Juden beizukommen, verstärkt und verbittert sich nur der Haß. In den Bevölkerungen wächst der Antisemitismus täglich, stündlich und muß weiter wachsen, weil die Ursachen fortbestehen und nicht behoben werden können. Die causa remota ist der im Mittelalter eingetretene Verlust unserer Assimilierbarkeit, die causa proxima unsere Überproduktion an mittleren Intelligenzen, die keinen Abfluß nach unten haben und keinen Aufstieg nach oben – nämlich keinen gesunden Abfluß und keinen gesunden Aufstieg. Wir werden nach unten hin zu Umstürzlern proletarisiert, bilden die Unteroffiziere aller revolutionären Parteien, und gleichzeitig wächst nach oben unsere furchtbare Geldmacht.

Wirkung des Antisemitismus

Der auf uns ausgeübte Druck macht uns nicht besser. Wir sind nicht anders als die anderen Menschen. Wir lieben unsere Feinde nicht, das ist ganz wahr. Aber nur wer sich selbst zu überwinden vermag, darf es uns vorwerfen. Der Druck erzeugt bei uns natürlich eine Feindseligkeit gegen unsere Bedränger – und unsere Feindseligkeit steigert wieder den Druck.

Aus diesem Kreislauf herauszukommen ist unmöglich.

„Doch!" werden weichmütige Schwärmer sagen, „doch, es ist möglich! Und zwar durch die herbeizuführende Güte der Menschen."

Brauche ich wirklich erst noch zu beweisen, was das für eine sentimentale Faselei ist? Wer eine Besserung der Zustände auf die Güte aller Menschen gründen wollte, der schriebe allerdings eine Utopie!

Ich sprach schon von unserer „Assimilierung". Ich sage keinen Augenblick, daß ich sie wünsche. Unsere Volkspersönlichkeit ist geschichtlich zu berühmt und trotz aller Erniedrigungen zu hoch, als daß ihr Untergang zu wünschen wäre. Aber vielleicht könnten wir überall in den uns umgebenden Völkern spurlos aufgehen, wenn man uns nur zwei Generationen hindurch in Ruhe ließe. Man wird uns nicht in Ruhe lassen. Nach kurzen Perioden der Duldsamkeit erwacht immer und immer wieder die Feindseligkeit gegen uns. Unser Wohlergehen scheint etwas Aufreizendes zu enthalten, weil die Welt seit vielen Jahrhunderten gewohnt war, in uns die Verächtlichsten unter den Armen zu sehen. Dabei bemerkt man aus Unwissenheit oder Engherzigkeit nicht, daß unser Wohlergehen uns als Juden schwächt und unsere Besonderheiten auslöscht. Nur der Druck preßt uns wieder an den alten Stamm, nur der Haß unserer Umgebung macht uns wieder zu Fremden. So sind und bleiben wir denn, ob wir es wollen oder nicht, eine historische Gruppe von erkennbarer Zusammengehörigkeit.

Wir sind ein Volk – der Feind macht uns ohne unseren Willen dazu, wie das immer in der Geschichte so war. In der Bedrängnis stehen wir zusammen, und da entdecken wir plötzlich unsere Kraft. Ja, wir haben die Kraft, einen Staat, und zwar einen Musterstaat zu bilden. Wir haben alle menschlichen und sachlichen Mittel, die dazu nötig sind.

Es wäre hier eigentlich schon der Platz, von unserem „Menschenmaterial" zu sprechen, wie der etwas rohe Ausdruck lautet. Aber vorher müssen die Hauptzüge des Planes bekannt sein, auf den alles zu beziehen ist.

Der Plan

Der ganze Plan ist in seiner Grundform unendlich einfach und muß es ja auch sein, wenn er von allen Menschen verstanden werden soll.

Man gebe uns die Souveränität eines für unsere gerechten Volksbedürfnisse genügenden Stückes der Erdoberfläche, alles andere werden wir selbst besorgen.

Das Entstehen einer neuen Souveränität ist nichts Lächerliches oder Unmögliches. Wir haben es doch in unseren Tagen miterlebt, bei Völkern, die nicht wie wir Mittelstandsvölker, sondern ärmere, ungebildete und darum schwächere Völker sind. Uns die Souveränität zu verschaffen, sind die Regierungen der vom Antisemitismus heimgesuchten Länder lebhaft interessiert.

Es werden für die im Prinzip einfache, in der Durchführung komplizierte Aufgabe zwei große Organe geschaffen: die Society of Jews und die Jewish Company.

Was die Society of Jews wissenschaftlich und politisch vorbereitet hat, führt die Jewish Company praktisch aus.

Die Jewish Company besorgt die Liquidierung aller Vermögensinteressen der abziehenden Juden und organisiert im neuen Lande den wirtschaftlichen Verkehr.

Den Abzug der Juden darf man sich, wie schon gesagt wurde, nicht als einen plötzlichen vorstellen. Er wird ein allmählicher sein und Jahrzehnte dauern. Zuerst werden die Ärmsten gehen und das Land urbar machen. Sie werden nach einem von vornherein feststehenden Plane Straßen, Brücken, Bahnen bauen, Telegraphen errichten, Flüsse regulieren und sich selbst ihre Heimstätten schaffen. Ihre Arbeit bringt den Verkehr, der

Verkehr die Märkte, die Märkte locken neue Ansiedler heran. Denn jeder kommt freiwillig, auf eigene Kosten und Gefahr. Die Arbeit, die wir in die Erde versenken, steigert den Wert des Landes. Die Juden werden schnell einsehen, daß sich für ihre bisher gehaßte und verachtete Unternehmungslust ein neues dauerndes Gebiet erschlossen hat.

Will man heute ein Land gründen, darf man es nicht in der Weise machen, die vor tausend Jahren die einzig mögliche gewesen wäre. Es ist töricht, auf alte Kulturstufen zurückzukehren, wie es manche Zionisten möchten. Kämen wir beispielsweise in die Lage, ein Land von wilden Tieren zu säubern, würden wir es nicht in der Art der Europäer aus dem fünften Jahrhundert tun. Wir würden nicht einzeln mit Speer und Lanze gegen Bären ausziehen, sondern eine große, fröhliche Jagd veranstalten, die Bestien zusammentreiben und eine Melinitbombe unter sie werfen.

Wenn wir Bauten aufführen wollen, werden wir nicht hilflose Pfahlbauten an einen Seerand stecken, sondern wir werden bauen, wie man es jetzt tut. Wir werden kühner und herrlicher bauen, als es je vorher geschehen ist. Denn wir haben Mittel, die in der Geschichte noch nicht da waren.

Unseren niedersten wirtschaftlichen Schichten folgen allmählich die nächsthöheren hinüber. Die jetzt am Verzweifeln sind, gehen zuerst. Sie werden geführt von unserer überall verfolgten mittleren Intelligenz, die wir überproduzieren.

Die Frage der Judenwanderung soll durch diese Schrift zur allgemeinen Diskussion gestellt werden. Das heißt aber nicht, daß eine Abstimmung eingeleitet wird. Dabei wäre die Sache von vornherein verloren. Wer nicht mit will, mag dableiben. Der Widerspruch einzelner Individuen ist gleichgültig.

Wer mit will, stelle sich hinter unsere Fahne und kämpfe für sie in Wort, Schrift und Tat.

Die Juden, welche sich zu unserer Staatsidee bekennen, sammeln sich um die Society of Jews. Diese erhält dadurch den Regierungen gegenüber die Autorität, im Namen der Juden sprechen und verhandeln zu dürfen. Die Society wird, um es in einer völkerrechtlichen Analogie zu sagen, als staatsbildende Macht anerkannt. Und damit wäre der Staat auch schon gebildet.

Zeigen sich nun die Mächte bereit, dem Judenvolke die Souveränität eines neutralen Landes zu gewähren, so wird die Society über das zu nehmende Land verhandeln. Zwei Gebiete kommen in Betracht: Palästina und Argentinien. Bemerkenswerte Kolonisierungsversuche haben auf diesen beiden Punkten stattgefunden. Allerdings nach dem falschen Prinzip der allmählichen Infiltration von Juden. Die Infiltration muß immer schlecht enden. Denn es kommt regelmäßig der Augenblick, wo die Regierung auf Drängen der sich bedroht fühlenden Bevölkerung den weiteren Zufluß von Juden absperrt. Die Auswanderung hat folglich nur dann einen Sinn, wenn ihre Grundlage unsere gesicherte Souveränität ist.

Die Society of Jews wird mit den jetzigen Landeshoheiten verhandeln, und zwar unter dem Protektorate der europäischen Mächte, wenn diesen die Sache einleuchtet. Wir können der jetzigen Landeshoheit ungeheuere Vorteile gewähren, einen Teil ihrer Staatsschulden übernehmen, Verkehrswege bauen, die ja auch wir selbst benötigen, und noch vieles andere. Doch schon durch das Entstehen des Judenstaates gewinnen die Nachbarländer, weil im großen wie im kleinen die Kultur eines Landstriches den Wert der Umgebung erhöht.

Palästina oder Argentinien?

Ist Palästina oder Argentinien vorzuziehen? Die Society wird nehmen, was man ihr gibt und wofür sich die öffentliche Meinung des Judenvolkes erklärt. Die Society wird beides feststellen.

Argentinien ist eines der natürlich reichsten Länder der Erde, von riesigem Flächeninhalt, mit schwacher Bevölkerung und gemäßigtem Klima. Die argentinische Republik hätte das größte Interesse daran, uns ein Stück Territorium abzutreten. Die jetzige Judeninfiltration hat freilich dort Verstimmung erzeugt; man müßte Argentinien über die wesentliche Verschiedenheit der neuen Judenwanderung aufklären. Palästina ist unsere unvergeßliche historische Heimat. Dieser Name allein wäre ein gewaltig ergreifender Sammelruf für unser Volk. Wenn Seine Majestät der Sultan uns Palästina gäbe, könnten wir uns dafür anheischig machen, die Finanzen der Türkei gänzlich zu regeln. Für Europa würden wir dort ein Stück des Walles gegen Asien bilden, wir würden den Vorpostendienst der Kultur gegen die Barbarei besorgen. Wir würden als neutraler Staat im Zusammenhange bleiben mit ganz Europa, das unsere Existenz garantieren müßte. Für die heiligen Stätten der Christenheit ließe sich eine völkerrechtliche Form der Exterritorialisierung finden. Wir würden die Ehrenwache um die heiligen Stätten bilden und mit unserer Existenz für die Erfüllung dieser Pflicht haften. Diese Ehrenwacht wäre das große Symbol für die Lösung der Judenfrage nach achtzehn für uns qualvollen Jahrhunderten.

Bedürfnis, Organ, Verkehr

Im vorletzten Kapitel sagte ich: „Die Jewish Company organisiert im neuen Lande den wirtschaftlichen Verkehr."

Ich glaube, hierzu einige Erläuterungen einschalten zu sollen. Ein Entwurf, wie der vorliegende, ist in seinen Grundfesten bedroht, wenn sich die „praktischen" Leute dagegen aussprechen. Nun sind die praktischen Leute wohl in der Regel nur Routiniers, unfähig, aus einem engen Kreis alter Vorstellungen herauszutreten. Aber ihr Widerspruch gilt und vermag dem Neuen sehr zu schaden; wenigstens solange das Neue selbst nicht stark genug ist, die Praktiker mit ihren morschen Vorstellungen über den Haufen zu werfen. Als die Eisenbahnzeit über Europa kam, gab es Praktiker, welche den Bau gewisser Linien für töricht erklärten, „weil dort nicht einmal die Postkutsche genug Passagiere hat". Man wußte damals die Wahrheit noch nicht, die uns heute als eine kindlich einfache vorkommt: daß nicht die Reisenden die Bahn hervorrufen, sondern umgekehrt die Bahn die Reisenden hervorruft, wobei freilich das schlummernde Bedürfnis vorausgesetzt werden muß.

In die Kategorie solcher voreisenbahnlicher „praktischer" Bedenken wird es gehören, wenn manche sich nicht vorstellen können, wie in dem neuen, erst noch zu gewinnenden, erst noch zu kultivierenden Lande der wirtschaftliche Verkehr der Ankömmlinge beschaffen sein soll. Ein Praktiker wird also beiläufig folgendes sagen:

„Zugegeben, daß die jetzigen Zustände der Juden an vielen Orten unhaltbar sind und immer schlechter werden müssen; zugegeben, daß die Auswanderungslust entsteht; zugegeben sogar, daß die Juden nach dem neuen Lande wandern, wie und was werden sie dort verdienen? Wovon werden sie leben? Der Verkehr vieler Menschen läßt sich doch nicht künstlich von einem Tag auf den anderen einrichten."

Darauf ist meine Antwort: Von der künstlichen Einrichtung eines Verkehrs ist gar nicht die Rede, und am allerwenigsten soll das von einem Tag auf den anderen gemacht werden. Wenn man aber den Verkehr auch nicht einzurichten vermag, anregen kann man ihn. Wodurch? Durch das Organ eines Bedürfnisses. Das Bedürfnis will erkannt, das Organ will geschaffen werden, der Verkehr macht sich dann von selbst.

Ist das Bedürfnis der Juden, in bessere Zustände zu gelangen, ein wahres, tiefes, ist das zu schaffende Organ dieses Bedürfnisses, die Jewish Company, hinreichend mächtig: so muß der Verkehr im neuen Lande sich in Fülle einstellen. Das liegt freilich in der Zukunft, wie die Entwicklung des Bahnverkehrs für die Menschen der dreißiger Jahre in der Zukunft lag. Die Eisenbahnen wurden dennoch gebaut. Man ist glücklicherweise über die Bedenken von Praktikern der Postkutsche hinweggegangen.

Die Jewish Company

Grundzüge

Die Jewish Company ist zum Teil nach dem Vorbilde der großen Landnahmegesellschaften gedacht – eine jüdische Chartered Company, wenn man will. Nur steht ihr nicht die Ausübung von Hoheitsrechten zu, und sie hat nicht allein koloniale Aufgaben.

Die Jewish Company wird als eine Aktiengesellschaft gegründet, mit der englischen Rechtssubjektivität, nach den Gesetzen und unter dem Schutze Englands. Der Hauptsitz ist London. Wie groß das Aktienkapital zu sein habe, kann ich jetzt nicht sagen. Unsere zahlreichen Finanzkünstler werden das ausrechnen. Um aber nicht unbestimmte Ausdrücke zu gebrauchen, will ich eine Milliarde Mark annehmen. Es wird vielleicht mehr, vielleicht weniger sein müssen. Von der Form der Geldbeschaffung, die weiterhin erörtert werden soll, wird es abhängen, welcher Bruchteil der großen Summe beim Beginn der Tätigkeit faktisch einzuzahlen ist.

Die Jewish Company ist ein Übergangsinstitut. Sie ist ein rein geschäftliches Unternehmen, das von der Society of Jews immer sorgsam unterschieden bleibt. Die Jewish Company hat zunächst die Aufgabe, die Immobilien der abziehenden Juden zu liquidieren. Die Art, in der das geschieht, verhütet Krisen, sichert jedem das Seine und ermöglicht jene innere Wanderung der christlichen Mitbürger, die schon angedeutet wurde.

Immobiliengeschäft

Die in Betracht kommenden Immobilien sind Häuser, Landgüter und örtliche Kundschaft der Geschäfte. Die Jewish Company wird sich anfangs nur bereit erklären, die Verkäufe dieser Immobilien zu vermitteln. In der ersten Zeit werden ja die Verkäufe der Juden frei und ohne große Preisstürze stattfinden. Die Zweigniederlassungen der Company werden in jeder Stadt zu Zentralen des jüdischen Güterverkaufs werden. Jede Zweiganstalt wird dafür nur den Provisionssatz erheben, den ihre Selbsterhaltung erfordert. Nun kann es die Entwicklung der Bewegung mit sich bringen, daß die Immobilienpreise sinken und schließlich die Verkaufsunmöglichkeit eintritt. In diesem Stadium spaltet sich die Funktion der Company als Gütervermittlerin in neue Zweige. Die Company wird Verwalterin der verlassenen Immobilien und wartet die geeigneten Zeitpunkte zur Veräußerung ab. Sie erhebt Hauszinse, verpachtet Landgüter und setzt Geschäftsführer, wenn möglich auch im Pachtverhältnisse – wegen der nötigen Sorgfalt – ein. Die Company wird überall die Tendenz haben, diesen Pächtern – Christen – die Eigentumserwerbung zu erleichtern. Sie wird überhaupt nach und nach ihre europäischen Anstalten mit durchaus christlichen Beamten und freien Vertretern (Advokaten usw.) besetzen, und diese sollen durchaus nicht zu Judenknechten werden. Sie werden gleichsam freie Kontrollbehörden der christlichen Bevölkerung abgeben dafür, daß alles mit rechten Dingen zugeht, daß redlich und in gutem Glauben gehandelt und nirgends eine Erschütterung des Volkswohlstandes beabsichtigt wird.

Zugleich wird die Company als Güterverkäuferin auftreten, richtiger als Gutstauscherin. Sie wird für ein Haus ein Haus, für ein Gut ein Gut geben, und zwar „drüben“. Alles ist, wenn möglich, so zu verpflanzen, wie es „hüben“ war. Und da eröffnet sich für die Company eine Quelle großer und erlaubter Gewinne. Sie wird „drüben“ schönere, moderne, mit allem Komfort ausgestattete Häuser, bessere Landgüter geben, die sie dennoch viel weniger kosten, denn sie hat Grund und Boden billig erworben.

Der Landkauf

Das der Society of Jews völkerrechtlich zugesicherte Land ist natürlich auch privatrechtlich zu erwerben. Die Vorkehrungen zur Ansiedlung, die der einzelne trifft, fallen nicht in den Rahmen dieser Ausführungen. Aber die Company braucht große Landstrecken für ihre und unsere Bedürfnisse. Sie wird sich den nötigen Boden durch zentralisierten Kauf sichern. Hauptsächlich wird es sich um die Erwerbung der jetzigen Landeshoheit gehöriger Staatsdomänen handeln. Das Ziel ist, „drüben“ ins Eigentum des Landes zu kommen, ohne die Preise zur Schwindelhöhe hinaufzutreiben, gleichwie „hüben“ verkauft wird, ohne die Preise zu drücken. Eine wüste Preistreiberei ist dabei nicht zu besorgen, denn den Wert des Landes bringt erst die Company mit, weil sie die Besiedlung leitet, und zwar im Einvernehmen mit der beaufsichtigenden Society of Jews. Die letztere wird auch dafür sorgen, daß aus der Unternehmung kein Panama werde, sondern ein Suez.

Die Company wird ihren Beamten Bauplätze zu billigen Bedingungen ablassen, ihnen für den Bau ihrer schönen Heimstätten Amortisationskredite gewähren und von ihren Gehalten abziehen oder nach und nach als Zulagen anrechnen. Das wird neben den Ehren, die sie erwarten, eine Form der Belohnung ihrer Dienste sein.

Der ganze riesige Gewinn aus der Landspekulation soll der Company zufließen, weil sie für die Gefahr eine unbestimmte Prämie bekommen muß wie jeder freie Unternehmer. Wo eine Gefahr beim Unternehmen vorliegt, soll der Unternehmergewinn weitherzig begünstigt werden. Aber er ist auch nur dort zu dulden. Die Korrelation von Gefahr und Prämie enthält die finanzielle Sittlichkeit.

Bauten

Die Company wird also Häuser und Güter eintauschen. Am Grund und Boden wird und muß die Company gewinnen. Das ist jedem klar, der irgendwo und irgendwann die Werterhöhungen des Bodens durch Kulturanlagen beobachtet hat. Am besten sieht man das an den Enklaven in Stadt und Land. Unbebaute Flächen steigen im Werte durch den Kranz von Kultur, der um sie gelegt wird. Eine in ihrer Einfachheit geniale Bodenspekulation war die der Pariser Stadterweiterer, welche die Neubauten nicht an die letzten Häuser der Stadt unmittelbar anschlossen, sondern die angrenzenden Grundstücke aufkauften und am äußeren Rande zu bauen anfingen. Durch diesen umgekehrten Baugang wuchs der Wert der Hausparzellen ungemein rasch, und statt immer wieder die letzten Häuser der

Stadt zu errichten, bauten sie, nachdem der Rand fertig war, nur noch mitten in der Stadt, also auf wertvolleren Parzellen.

Wird die Company selbst bauen oder freien Architekten ihre Aufträge geben? Sie kann beides, sie wird beides tun. Sie hat, wie sich bald zeigen wird, einen gewaltigen Vorrat an Arbeitskräften, die durchaus nicht kapitalsmäßig bewuchert werden sollen, die in glückliche und heitere Bedingungen des Lebens gebracht und doch nicht teuer sein werden. Für Baumaterial haben unsere Geologen gesorgt, als sie die Bauplätze für die Städte suchten.

Welches wird nun das Bauprinzip sein?

Arbeiterwohnungen

Die Arbeiterwohnungen (worunter die Wohnungen aller Handarbeiter begriffen sind) sollen in eigener Regie hergestellt werden. Ich denke keineswegs an die traurigen Arbeiterkasernen der europäischen Städte und nicht an die kümmerlichen Hütten, die um Fabriken herum in Reih und Glied stehen. Unsere Arbeiterhäuser müssen zwar auch einförmig aussehen – weil die Company nur billig bauen kann, wenn sie die Baubestandteile in großen Massen herstellt –, aber diese einzelnen Häuser mit ihren Gärtchen sollen an jedem Orte zu schönen Gesamtkörpern vereinigt werden. Die natürliche Beschaffenheit der Gegend wird das frohe Genie unserer jungen, nicht in der Routine befangenen Architekten anregen, und wenn das Volk auch nicht den großen Zug des Ganzen verstehen wird, so wird es sich doch wohlfinden in dieser leichten Gruppierung. Der Tempel wird weithin sichtbar darin stehen, weil uns ja nur der alte Glaube zusammengehalten hat. Und freundliche, helle, gesunde

Schulen für Kinder mit allen modernen Lehrmitteln. Ferner Handwerker-Fortbildungsschulen, die, aufsteigend nach höheren Zwecken, den einfachen Handwerker befähigen sollen, technologische Kenntnisse zu erwerben und sich mit dem Maschinenwesen zu befreunden. Ferner Unterhaltungshäuser für das Volk, welche die Society of Jews von oben herab für die Sittlichkeit leiten wird. Es soll jetzt übrigens nur von den Bauten gesprochen werden, nicht davon, was in ihnen vorgehen wird. Die Arbeiterwohnungen wird die Company billig bauen, sage ich. Nicht nur, weil alle Baumaterialien in Masse da sein werden; nicht nur, weil der Grund der Company gehört, sondern auch, weil sie die Arbeiter dafür nicht zu bezahlen braucht.

Die Farmer in Amerika haben das System, einander gegenseitig bei ihren Hausbauten zu helfen. Dieses kindlich gutmütige System – plump wie die Blockhäuser, die so entstehen – kann sehr verfeinert werden.

Die „ungelernten" Arbeiter („Unskilled Labourers")

Unsere ungelernten Arbeiter, die zuerst aus dem großen russischen und rumänischen Reservoir kommen werden, müssen sich auch gegenseitig ihre Häuser bauen. Wir werden ja anfangs kein eigenes Eisen haben und auch mit Holz bauen müssen. Das wird später anders werden, und die dürftigen Notbauten der ersten Zeit werden dann durch bessere ersetzt.

Unsere „unskilled labourers" bauen einander zuerst ihre Unterkünfte, und sie erfahren es vorher. Und zwar erwerben sie durch die Arbeit die Häuser ins Eigentum – allerdings nicht gleich, sondern erst dafür, daß sie sich durch eine Zeit von drei

Jahren gut aufführen. So bekommen wir eifrige, anstellige Leute, und ein Mann, der drei Jahre in guter Zucht gearbeitet hat, ist erzogen fürs Leben.

Ich sagte vorhin, daß die Company diese Unskilleds nicht zu bezahlen braucht. Ja, wovon werden sie leben?

Ich bin im allgemeinen gegen das Trucksystem. Bei diesen ersten Landnehmern sollte es dennoch angewendet werden. Die Company sorgt in so vielen Beziehungen für sie, daß sie sie auch verpflegen darf. Das Trucksystem soll überhaupt nur für die ersten Jahre gelten, und wird auch den Arbeitern eine Wohltat sein, weil es die Bewucherung durch Kleinhändler, Wirte usw. verhindert. Die Company aber vereitelt so von vornherein, daß sich unsere kleinen Leute drüben dem gewohnten Hausierhandel zuwenden, zu dem sie hüben ja auch nur durch eine geschichtliche Entwicklung gezwungen wurden. Und die Company behält die Säufer und Liederlichen in der Hand. Es wird also in der ersten Zeit der Landnahme gar keine Arbeitslöhne geben?

Doch: Überlöhne.

Der Siebenstundentag.

Der Normalarbeitstag ist der Siebenstundentag!

Das heißt nicht, daß täglich nur sieben Stunden lang Bäume gefällt, Erde gegraben, Steine geführt, kurz die hundert Arbeiten getan werden sollen. Nein, man wird vierzehn Stunden arbeiten. Aber die Arbeitertrupps werden einander nach je dreieinhalb Stunden ablösen. Die Organisation wird ganz militärisch sein, mit Chargen, Avancement und Pensionierung. Wo die Pensionen herzunehmen sind, wird später ausgeführt.

Dreieinhalb Stunden hindurch kann ein gesunder Mann sehr viel konzentrierte Arbeit hergeben. Nach dreieinhalb Stunden Pause – die er seiner Ruhe, seiner Familie, seiner geleiteten Fortbildung widmet – ist er wieder ganz frisch. Solche Arbeitskräfte können Wunder wirken.

Der Siebenstundentag! Er macht vierzehn allgemeine Arbeitsstunden möglich – mehr geht in den Tag nicht hinein.

Ich habe zudem die Überzeugung, daß der Siebenstundentag vollkommen durchführbar ist. Man kennt die Versuche in Belgien und England. Einzelne vorgeschrittene Sozialpolitiker behaupten sogar, daß der Fünfstundentag vollkommen ausreichen würde. Die Society of Jews und die Jewish Company werden ja darin reiche neue Erfahrungen sammeln – die den übrigen Völkern der Erde auch zugute kommen werden –, und wenn sich zeigt, daß der Siebenstundentag praktisch möglich ist, so wird ihn unser künftiger Staat als gesetzlichen Normaltag einführen.

Nur die Company wird immerwährend ihren Leuten den Siebenstundentag gewähren. Sie wird es auch immer tun können.

Den Siebenstundentag aber brauchen wir als Weltsammelruf für unsere Leute, die ja frei herankommen sollen. Es muß wirklich das Gelobte Land sein. ...

Wer nun länger als sieben Stunden arbeitet, bekommt für die Überzeit den Überlohn in Geld. Da alle seine Bedürfnisse gedeckt sind, die Arbeitsunfähigen seiner Familie aus den hinüber verpflanzten zentralisierten Wohltätigkeitsanstalten versorgt werden, so kann er sich etwas ersparen. Wir wollen den bei unseren Leuten ohnehin vorhandenen Spartrieb fördern, weil er das Aufsteigen des Individuums in höhere Schichten erleichtert und weil wir uns damit ein ungeheueres Kapitalreservoir für künftige Anleihen vorbereiten.

Die Überzeit des Siebenstundentages darf nicht mehr als drei Stunden dauern und auch nur nach ärztlicher Untersuchung. Denn unsere Leute werden sich im neuen Leben zur Arbeit herandrängen, und die Welt wird erst sehen, welch ein arbeitsames Volk wir sind. Wie das Trucksystem der Landnehmer einzurichten ist (Bons usw.), führe ich jetzt ebensowenig aus wie andere unzählige Details, um nicht zu verwirren. Die Frauen werden zu schweren Arbeiten überhaupt nicht zugelassen und dürfen keine Überzeit leisten. Schwangere Frauen sind von jeder Arbeit befreit und werden vom Truck reichlicher ernährt. Denn wir brauchen in der Zukunft starke Geschlechter.

Die Kinder erziehen wir gleich von Anfang an, wie wir sie wünschen. Darauf gehe ich jetzt nicht ein.

Was ich soeben, von den Arbeiterwohnungen ausgehend, über die Unskilleds und ihre Lebensweise gesagt habe, ist ebensowenig eine Utopie wie das übrige. Das alles kommt schon in der Wirklichkeit vor, nur unendlich klein, unbeachtet, unverstanden. Für die Lösung der Judenfrage war mir die Assistance par le travail, die ich in Paris kennen und verstehen lernte, von großem Werte.

Die Arbeitshilfe

Die Arbeitshilfe, wie sie jetzt in Paris und verschiedenen Städten Frankreichs, in England, in der Schweiz und in Amerika besteht, ist etwas kümmerlich Kleines, doch das Größte ist daraus zu machen.

Was ist das Prinzip der Assistance par le travail?

Das Prinzip ist, daß man jedem Bedürftigen „unskilled labour" gibt, eine leichte, ungelernte Arbeit, z.B. Holzzerkleinern, die Erzeugung der „margotins", mit denen in den Pariser Haushaltungen das Herdfeuer angemacht wird. Es ist eine Art Gefangenenhausarbeit vor dem Verbrechen, das heißt ohne Ehrlosigkeit. Niemand braucht mehr aus Not zum Verbrechen zu schreiten, wenn er arbeiten will. Aus Hunger dürfen keine Selbstmorde mehr begangen werden. Diese sind ja ohnehin eines der ärgsten Schandmale einer Kultur, wo vom Tische der Reichen den Hunden Leckerbissen hingeworfen werden. Die Arbeitshilfe gibt also jedem Arbeit. Hat sie denn für die Produkte Absatz? Nein. Wenigstens nicht genügenden. Hier ist der Mangel der bestehenden Organisation. Diese Assistance arbeitet immer mit Verlust. Allerdings ist sie auf den Verlust gefaßt. Es ist ja eine Wohltätigkeitsanstalt. Die Spende stellt sich hier dar als Differenz zwischen Gestehungskosten und erlöstem Preise. Statt dem Bettler zwei Sous zu geben, gibt sie ihm eine Arbeit, an der sie zwei Sous verliert. Der lumpige Bettler aber, der zum edlen Arbeiter geworden ist, verdient 1 Franc 50 Centimes. Für 10 Centimes 150! Das heißt, die nicht mehr beschämende Wohltat verfünfzehnfachen. Das heißt, aus einer Milliarde fünfzehn Milliarden machen! Die Assistance verliert freilich die zehn Centimes. Die Jewish Company wird die Milliarde nicht verlieren, sondern riesige Gewinne erzielen.

Hinzu kommt das Moralische. Erreicht wird schon durch die kleine Arbeitshilfe, wie sie jetzt existiert, die sittliche Aufrichtung durch die Arbeit, bis der beschäftigungslose Mensch eine seinen Fähigkeiten angemessene Stellung in seinem früheren oder einem neuen Berufe gefunden hat. Er hat täglich einige Stunden für das Suchen frei, auch vermittelt die Assistance Dienste.

Das Gebrechen der bisherigen kleinen Einrichtung ist, daß den Holzhändlern usw. keine Konkurrenz gemacht werden darf. Die Holzhändler sind Wähler, sie würden schreien, und sie hätten recht. Auch der Gefangenenhausarbeit des Staates darf keine Konkurrenz gemacht werden, der Staat muß seine Verbrecher beschäftigen und verpflegen.

In einer alten Gesellschaft wird für die Assistance par le travail überhaupt schwer Raum zu schaffen sein. Aber in unserer neuen!

Vor allem brauchen wir ungeheuere Mengen „unskilled labourers“ für unsere ersten Landnahmearbeiten, Straßenanlagen, Durchforstungen, Erdaushebungen, Bahn- und Telegraphenanlagen usw. Das wird alles nach einem großen, von Anfang an feststehenden Plane geschehen.

Der Marktverkehr

Indem wir nun die Arbeit ins neue Land hinüberlegen, bringen wir auch gleich den Marktverkehr mit. Freilich anfangs nur einen Markt der ersten Lebensbedürfnisse: Vieh, Getreide, Arbeiterkleider, Werkzeuge, Waffen, um nur einiges zu erwähnen. Zunächst werden wir das in Nachbarstaaten oder in Europa einkaufen, uns dann aber möglichst bald selbständig machen. Die jüdischen Unternehmer werden rasch begriffen haben, welche Aussichten sich ihnen da eröffnen.

Allmählich werden durch das Heer der Company-Beamten feinere Bedürfnisse hinübergetragen werden. (Zu den Beamten rechne ich auch die Offiziere der Schutztruppe, die immer etwa ein Zehntel der männlichen Einwanderer betragen soll. Das wird gegen Meutereien schlechter Leute genügen; die meisten sind ja friedfertig.)

Die feineren Bedürfnisse der gutgestellten Beamten erzeugen wieder einen feineren Markt, der zunehmend wächst. Die Verheirateten lassen ihre Familien nachkommen, die Ledigen ihre Eltern und Geschwister, sobald sie drüben ein Heim haben. Wir sehen ja diese Bewegung bei den Juden, die jetzt nach den Vereinigten Staaten auswandern. Wie einer Brot zu essen hat, läßt er gleich seine Leute nachkommen. Die Bande der Familie sind ja so stark im Judentum. Society of Jews und Jewish Company werden zusammenwirken, um die Familie noch weiter zu stärken und zu pflegen. Ich meine hier nicht das Moralische – das versteht sich von selbst –, sondern das Materielle. Die Beamten werden Ehe- und Kinderzulagen haben. Wir brauchen Leute, alle, die da sind, und alle, die nachkommen.

Andere Kategorien von Heimstätten

Ich habe die Hauptkette dieser Auseinandersetzungen beim Baue der Arbeiterwohnungen in eigener Regie verlassen. Nun kehre ich zurück zu anderen Kategorien von Heimstätten. Auch den Kleinbürgern wird die Company durch ihre Architekten Häuser bauen lassen, entweder als Tauschobjekte oder für Geld.

Die Company wird etwa hundert Häusertypen von ihren Architekten anfertigen und vervielfältigen lassen. Diese hübschen Muster werden zugleich einen Teil der Propaganda bilden. Jedes Haus hat seinen festen Preis, die Güte der Ausführung wird von der Company garantiert, die am Hausbaue nichts verdienen will. Ja, wo werden diese Häuser stehen? Das wird bei den Ortsgruppen gezeigt werden.

Da die Company an den Bauarbeiten nichts verdienen will, sondern nur am Grund und Boden, so wird es nur erwünscht sein, wenn recht viele freie Architekten im Privatauftrage bauen. Dadurch wird der Landbesitz mehr wert, dadurch kommt Luxus ins Land, und den Luxus brauchen wir für verschiedene Zwecke. Namentlich für die Kunst, für Industrie und in einer späteren Ferne für den Zerfall der großen Vermögen.

Ja, die reichen Juden, die jetzt ihre Schätze ängstlich verbergen müssen und bei herabgelassenen Vorhängen ihre unbehaglichen Feste geben, werden drüben frei genießen dürfen. Wenn diese Auswanderung mit ihrer Hilfe zustande kommt, wird das Kapital bei uns drüben rehabilitiert sein; es wird in einem beispiellosen Werke seine Nützlichkeit gezeigt haben. Wenn die reichsten Juden anfangen, ihre Schlösser, die man in Europa schon mit so scheelen Augen ansieht, drüben zu bauen, so wird es bald modern werden, sich drüben in prächtigen Häusern anzusiedeln.

Einige Formen der Liquidation

Die Jewish Company ist als Übernehmer oder Verweser von Immobilien der Juden gedacht.

Bei Häusern und Grundstücken lassen sich diese Aufgaben leicht konstruieren. Wie ist es aber bei Geschäften? Da werden die Formen vielfältig sein. Sie lassen sich gar nicht vorher in eine Übersicht bringen. Und doch ist darin keine Schwierigkeit enthalten. Denn in jedem einzelnen Falle wird der Inhaber des Geschäftes, wenn er sich zur Auswanderung frei entschließt, die für ihn günstigste Form der Liquidation mit der Company-Filiale seines Sprengels vereinbaren.

Bei den kleinsten Geschäftsleuten, in deren Betrieb die persönliche Betätigung des Inhabers die Hauptsache und das bißchen Ware oder Einrichtung die Nebensache ist, läßt sich die Vermögensverpflanzung am leichtesten durchführen. Für die persönliche Betätigung des Auswanderers schafft die Company ein gesichertes Arbeitsgebiet, und sein bißchen Material kann ihm drüben in einem Grundstück mit Maschinenkredit ersetzt werden. Die neue Tätigkeit werden unsere findigen Leute rasch erlernt haben. Juden passen sich bekanntlich schnell jeder Erwerbsgattung an. So können viele Händler zu Kleinindustriellen der Landwirtschaft gemacht werden. Die Company kann sogar in scheinbare Verluste willigen, wenn sie die nicht fahrende Habe der Ärmeren übernimmt; denn sie erreicht dadurch die freie Kultivierung von Landparzellen, wodurch der Wert ihrer übrigen Parzellen steigt.

In den mittleren Betrieben, wo die sachliche Einrichtung ebenso wichtig oder schon wichtiger ist als die persönliche Betätigung des Inhabers und dessen Kredit als ein entscheidendes Imponderabile hinzukommt, lassen sich verschiedene Formen der Liquidation denken. Das ist auch einer der Hauptpunkte, auf denen sich die innere Wanderung der Christen vollziehen kann.

Der abziehende Jude verliert seinen persönlichen Kredit nicht, sondern nimmt ihn mit und wird ihn zur Etablierung drüben gut verwenden. Die Jewish Company eröffnet ihm ein Girokonto. Sein bisheriges Geschäft kann er auch frei verkaufen oder Geschäftsführern unter der Aufsicht der Company-Organe übergeben. Der Geschäftsführer kann im Pachtverhältnisse stehen, oder es kann der allmähliche Ankauf durch Teilzahlungen des Geschäftsführers angebahnt werden. Die Company sorgt durch ihre Aufsichtsbeamten und Advokaten für die ordentliche Verwaltung des verlassenen Geschäftes und für den richtigen Eingang der Zahlungen. Die Company ist hier Kurator der Abwesenden. Kann aber ein Jude sein Geschäft nicht verkaufen, vertraut er es auch keinem Mandatar an und will es dennoch nicht aufgeben, so bleibt er eben an seinem jetzigen Wohnort. Auch diese Zurückbleibenden verschlechtern ihre jetzige Lage nicht; sie sind um die Konkurrenz der Abgezogenen erleichtert, und der Antisemitismus mit seinem „Kauft nicht bei Juden!“ hat aufgehört.

Will der auswandernde Geschäftsinhaber drüben wieder dasselbe Geschäft betreiben, so kann er sich von vornherein darauf einrichten. Zeigen wir das an einem Beispiel. Die Firma X hat ein großes Modewarengeschäft. Der Inhaber will auswandern. Er etabliert zunächst an seinem künftigen Wohnort eine Filiale, an die er seine ausgemusterte Ware abgibt. Die armen ersten Auswanderer sind drüben seine Kundschaft. Allmählich ziehen Leute hinüber, die höhere Modebedürfnisse haben. Nun schickt X neuere Sachen und endlich die neuesten. Die Filiale wird selbst schon einträglich, während das Hauptgeschäft noch besteht. Endlich hat X zwei Geschäfte. Das alte verkauft er oder gibt es seinem christlichen Vertreter zur Führung; er selbst begibt sich hinüber in sein neues.

Ein größeres Beispiel: Y&Sohn haben ein ausgedehntes Kohlengeschäft mit Bergwerken und Fabriken. Wie ist solch ein riesiger Vermögenskomplex zu liquidieren? Das Kohlenbergwerk mit allem, was drum und dran, kann erstens vom Staat, in dem es liegt, eingelöst werden. Zweitens kann es die Jewish Company erwerben und den Kaufpreis teils in Ländereien drüben, teils in Bargeld bezahlen. Eine dritte Möglichkeit wäre die Gründung einer eigenen Aktiengesellschaft „Y&Sohn". Eine vierte der Weiterbetrieb in der bisherigen Weise, nur wären die ausgewanderten Eigentümer, auch wenn sie gelegentlich zur Inspektion ihrer Güter zurückkehren, Ausländer, als die sie ja in zivilisierten Staaten auch den vollen Rechtsschutz genießen. Dies alles sieht man ja täglich im Leben. Eine fünfte, besonders fruchtbare und großartige Möglichkeit deute ich nur an, weil es dafür im Leben erst wenige schwache Beispiele gibt, wie nahe das unserem modernen Bewußtsein auch schon liegt. Y&Sohn können ihr Unternehmen ihren sämtlichen jetzigen Angestellten gegen Entgelt übergeben. Die Angestellten treten zu einer Genossenschaft mit beschränkter Haftung zusammen und können vielleicht mit Hilfe der Landeskassa, die keine Wucherzinsen nimmt, die Ablösungssumme an Y&Sohn auszahlen. Die Angestellten amortisieren dann das DarHlehen, welches ihnen von ihrer Landeskassa, von der Jewish Company oder von Y&Sohn selbst gewährt wurde.

Die Jewish Company liquidiert die Kleinsten wie die Größten. Und während die Juden ruhig wandern, sich die neue Heimat gründen, steht die Company als die große juristische Person da, welche den Abzug leitet, die verlassenen Güter hütet, für die gute Ordnung des Abwickelns mit ihrem sichtbaren, greifbaren Vermögen haftet und für die schon Ausgewanderten dauernd bürgt.

Bürgschaften der Company

In welcher Form wird die Company die Bürgschaften leisten, daß in den verlassenen Ländern keine Verarmung und keine wirtschaftlichen Krisen eintreten?

Es wurde schon gesagt, daß anständige Antisemiten unter Achtung ihrer uns wertvollen Unabhängigkeit gleichsam als volkstümliche Kontrollbehörden an das Werk herangezogen werden sollen.

Aber auch der Staat hat fiskalische Interessen, die geschädigt werden können. Er verliert eine zwar bürgerlich gering, aber finanziell hochgeschätzte Klasse von Steuerträgern. Es muß ihm dafür eine Entschädigung geboten werden. Wir bieten sie ihm ja indirekt, indem wir die mit unserem jüdischen Scharfsinne, unserem jüdischen Fleiße eingerichteten Geschäfte im Lande lassen, indem wir in unsere aufgegebenen Positionen die christlichen Mitbürger einrücken lassen und so ein in dieser Friedlichkeit beispielloses Aufsteigen von Massen zum Wohlstand ermöglichen. Die Französische Revolution zeigt im kleinen etwas Ähnliches; aber dazu mußte das Blut unter der Guillotine, in allen Provinzen des Landes und auf den Schlachtfeldern Europas in Strömen fließen. Und dazu mußten geerbte und erworbene Rechte zerbrochen werden. Und dabei bereicherten sich nur die listigen Käufer der Nationalgüter.

Die Jewish Company wird in ihrem Wirkungskreise den einzelnen Staaten auch direkte Vorteile zuführen. Überall kann den Regierungen der Verkauf von verlassenen Judengütern unter günstigen Bedingungen zugesichert werden. Die Regierungen wieder können diese gütliche Expropriation in großem Maßstab für gewisse soziale Aufbesserungen verwenden.

Die Jewish Company wird den Regierungen und Parlamenten, welche die innere Wanderung der christlichen Bürger leiten wollen, dabei Hilfe leisten. Die Jewish Company wird auch große Abgaben zahlen.

Die Zentrale hat ihren Sitz in London, weil die Company im Privatrechtlichen unter dem Schutze einer großen, derzeit nicht antisemitischen Macht stehen muß. Aber die Company wird, wenn man sie offiziell und offiziös unterstützt, überall eine breite Steuerfläche liefern. Die Company wird überall besteuerbare Töchter- und Zweiganstalten gründen.

Sie wird ferner den Vorteil doppelter Immobilienumschreibung, also doppelter Gebühren liefern. Die Company wird selbst dort, wo sie nur als Immobilienagentur auftritt, sich den vorübergehenden Anschein des Käufers geben. Sie wird, auch wenn sie nicht besitzen will, im Grundbuche einen Augenblick als Eigentümer stehen.

Das sind nun freilich rein rechnungsmäßige Sachen. Es wird von Ort zu Ort erhoben und entschieden werden müssen, wie weit die Company darin gehen kann, ohne ihre Existenz zu gefährden. Sie wird darüber freimütig mit den Finanzministern verhandeln. Diese werden den guten Willen deutlich sehen, und sie werden überall die Erleichterungen gewähren, die zur erfolgreichen Durchführung des großen Unternehmens nachweisbar erforderlich sind.

Eine weitere direkte Zuwendung ist die im Güter- und Personentransporte. Wo die Bahnen staatlich sind, ist das sofort klar. Bei den Privatbahnen erhält die Company, wie jeder große Spediteur, Begünstigungen. Sie muß natürlich unsere Leute so billig als möglich reisen lassen und verfrachten, da jeder auf eigene Kosten hinübergeht. Für den Mittelstand wird das System Cook und für die armen Klassen das Personenporto da sein. Die Company könnte an Personen- und Frachtrefaktien viel verdienen, aber ihr Grundsatz muß auch hier sein, nur die Selbsterhaltungskosten hereinzubringen.

Die Spedition ist an vielen Orten in den Händen der Juden. Die Speditionsgeschäfte werden die ersten sein, die die Company braucht, und die ersten, die sie liquidiert. Die bisherigen Inhaber dieser Geschäfte treten entweder in den Dienst der Company, oder sie etablieren sich frei, drüben. Die Ankunftsstelle braucht ja empfangende Spediteure, und da dies ein glänzendes Geschäft ist, da man drüben sofort verdienen darf und soll, wird es nicht an Unternehmungslustigen fehlen. Es ist unnötig, die geschäftlichen Einzelheiten dieser Massenexpedition auszuführen. Sie sind aus dem Zwecke vernünftig zu entwickeln, und viele tüchtige Köpfe sollen und werden darüber nachdenken, wie das am besten zu machen sein wird.

Einige Tätigkeiten der Company

Viele Tätigkeiten werden ineinander wirken. Nur ein Beispiel: Allmählich wird die Company in den anfänglich primitiven Niederlassungen Industriesachen zu erzeugen beginnen.

Zunächst für unsere eigenen armen Auswanderer: Kleider, Wäsche, Schuhe usw. fabrikmäßig. Denn in den europäischen Abfahrtsstationen werden unsere armen Leute neu gekleidet. Es wird ihnen damit kein Geschenk gemacht, weil sie nicht gedemütigt werden sollen. Es werden ihnen nur ihre alten Sachen gegen neue eingetauscht. Verliert die Company dabei etwas, so wird es als Geschäftsverlust gebucht. Die völlig Besitzlosen wären für die Bekleidung Schuldner der Company und zahlen drüben in Arbeitsüberstunden, die ihnen für gute Aufführung erlassen werden.

An diesen Punkten haben übrigens die bestehenden Auswanderungsvereine Gelegenheit, helfend einzugreifen. Alles, was sie für die wandernden Juden bisher zu tun pflegten, sollen sie zukünftig für die Kolonisten der Jewish Company tun. Die Formen dieses Zusammenwirkens werden sich leicht finden lassen. Schon in der Neubekleidung der armen Auswanderer soll etwas Symbolisches enthalten sein: Ihr beginnt jetzt ein neues Leben! Die Society of Jews wird dafür sorgen, daß schon lange vor der Abreise und auch unterwegs durch Gebete, populäre Vorträge, Belehrungen über den Zweck des Unternehmens, hygienische Vorschriften für die neuen Wohnorte, Anleitungen zur künftigen Arbeit eine ernste und festliche Stimmung erhalten werde. Denn das Gelobte Land ist das Land der Arbeit. Bei ihrer Ankunft werden aber die Einwanderer von den Spitzen unserer Behörden feierlich empfangen werden. Ohne törichten Jubel, denn das Gelobte Land muß erst erobert werden. Aber schon sollen diese armen Menschen sehen, daß sie zu Hause sind.

Die Bekleidungsindustrie der Company für die armen Auswanderer wird nicht planlos produzieren. Durch die Society of Jews, welche von den Ortsgruppen die Mitteilung erhalten wird, muß die Jewish Company rechtzeitig die Zahl, den Ankunftstag und die Bedürfnisse der Auswanderer kennen. So ist es möglich, für sie umsichtig vorzusorgen.

Industrielle Anregungen

Die Aufgaben der Jewish Company und der Society of Jews können in diesem Entwurfe nicht streng gesondert vorgetragen werden. Tatsächlich werden diese beiden großen Organe beständig zusammenwirken müssen. Die Company wird auf die moralische Autorität und Unterstützung der Society angewiesen sein und bleiben, gleichwie die Society die materielle Hilfe der Company nicht entbehren kann. In der planvollen Leitung der Bekleidungsindustrie z.B. ist der schwache Anfang des Versuches enthalten, die Produktionskrisen zu vermeiden. Auf allen Gebieten, wo die Company als Industrieller auftritt, soll so vorgegangen werden.

Keineswegs darf sie aber die freien Unternehmungen mit ihrer Übermacht erdrücken. Wir sind nur dort Kollektivisten, wo es die ungeheueren Schwierigkeiten der Aufgabe erfordern. Im übrigen wollen wir das Individuum mit seinen Rechten hegen und pflegen. Das Privateigentum, als die wirtschaftliche Grundlage der Unabhängigkeit, soll sich bei uns frei und geachtet entwickeln. Wir lassen ja gleich unsere ersten Unskilleds ins Privateigentum aufsteigen.

Der Unternehmungsgeist soll auf jede Weise gefördert werden. Die Einrichtung von Industrien wird durch eine vernünftige

Zollpolitik, Zuwendung billigen Rohmaterials und durch ein Amt für Industriestatistik mit öffentlichen Verlautbarungen begünstigt.

Der Unternehmungsgeist kann auf gesunde Weise angeregt werden. Die spekulative Planlosigkeit wird vermieden. Die Etablierung neuer Industrien wird rechtzeitig bekanntgemacht, so daß die Unternehmer, die ein halbes Jahr später auf den Einfall kommen, sich einer Industrie zuzuwenden, nicht in die Krise, ins Elend hineinbauen. Da der Zweck einer neuen Anlage der Society angemeldet werden soll, können die Unternehmungsverhältnisse jederzeit jedermann bekannt sein. Ferner werden den Unternehmern die zentralisierten Arbeitskräfte gewährt. Der Unternehmer wendet sich an die Dienstvermittlungszentrale, die dafür von ihm nur eine zur Selbsterhaltung erforderliche Gebühr einhebt. Der Unternehmer telegraphiert: Ich brauche morgen für drei Tage, drei Wochen oder drei Monate fünfhundert Unskilleds. Morgen treffen bei seiner landwirtschaftlichen oder industriellen Unternehmung die gewünschten Fünfhundert ein, welche die Arbeitszentrale von da und dort, wo sie eben verfügbar werden, zusammenzieht. Die Sachsengängerei wird da aus dem Plumpen in eine sinnvolle Institution heeresmäßig verfeinert. Selbstverständlich werden keine Arbeitssklaven geliefert, sondern nur Siebenstundentägler, die ihre Organisation beibehalten, denen auch beim Ortswechsel die Dienstzeit mit Chargen, Avancieren und Pensionierung fortläuft. Der freie Unternehmer kann sich auch anderwärts seine Arbeitskräfte verschaffen, wenn er will. Aber er wird es schwerlich können. Die Hereinziehung nichtjüdischer Arbeitssklaven ins Land wird die Society zu vereiteln wissen durch eine gewisse Boykottierung widerspenstiger Industrieller, durch Verkehrserschwerungen und dergleichen. Man wird also die Siebenstundentägler nehmen müssen. So nähern wir uns beinahe zwanglos dem Normaltage von sieben Stunden.

Ansiedlung von Facharbeitern

Es ist klar, daß, was für die Unskilleds gilt, bei den höheren Facharbeitern noch leichter ist. Die Teilarbeiter der Fabriken können unter dieselben Regeln gebracht werden. Die Dienstvermittlungszentrale besorgt sie.

Was nun die selbständigen Handwerker, die kleinen Meister betrifft, die wir im Hinblick auf die künftigen Fortschritte der Technik sehr pflegen wollen, denen wir technologische Kenntnisse zuführen wollen, selbst wenn sie keine jungen Leute mehr sind, und denen die Pferdekraft der Bäche und das Licht in elektrischen Drähten zugeleitet werden soll – diese selbständigen Arbeiter sollen auch durch die Zentrale der Society gesucht und gefunden werden. Hier wendet sich die Ortsgruppe an die Zentrale: Wir brauchen soundso viele Tischler, Schlosser, Glaser usw. Die Zentrale verlautbart es. Die Leute melden sich. Sie ziehen mit ihren Familien nach dem Orte, wo man sie braucht, und bleiben da wohnen, nicht erdrückt von einer verworrenen Konkurrenz. Die dauernde, die gute Heimat ist für sie entstanden.

Die Geldbeschaffung

Als das Aktienkapital der Jewish Company wurde ein phantastisch klingender Betrag angenommen. Die wirklich notwendige Höhe des Aktienkapitals wird von Finanzfachleuten festgesetzt werden müssen. Jedenfalls eine riesige Summe. Wie soll diese aufgebracht werden? Dafür gibt es drei Formen, welche die Society in Erwägung ziehen wird. Die Society, diese große moralische Person, der Gestor der Juden, besteht aus unseren reinsten und besten Männern, die aus der Sache keinen Vermögensgewinn ziehen können und dürfen. Obwohl die Society am Beginn keine andere als eine moralische Autorität besitzen kann, wird diese dennoch hinreichen, um die Jewish Company dem Judenvolke gegenüber zu beglaubigen. Die Jewish Company wird nur dann Aussicht auf geschäftliches Gelingen haben, wenn sie von der Society sozusagen gestempelt ist. Es wird sich also nicht eine beliebige Gruppe von Geldleuten zusammentun können, um die Jewish Company zu bilden. Die Society wird prüfen, wählen und bestimmen und sich vor der Gutheißung der Gründung alle nötigen Bürgschaften für die gewissenhafte Durchführung des Planes sichern lassen. Experimente mit ungenügenden Kräften dürfen nicht gemacht werden, denn diese Unternehmung muß gleich auf den ersten Schlag gelingen. Das Mißlingen der Sache würde die ganze Idee auf Jahrzehnte hinaus kompromittieren und sie vielleicht für immer unmöglich machen.

Die drei Formen der Aufbringung des Aktienkapitals sind:

1. durch die Hochbank;
2. durch die Mittelbank;
3. durch eine volkstümliche Subskription.

Am leichtesten, schnellsten und sichersten wäre die Gründung durch die Hochbank. Da kann das erforderliche Geld innerhalb der bestehenden großen Finanzgruppen durch einfache Beratung in kürzester Zeit aufgebracht werden. Es hätte den großen Vorteil, daß die Milliarde – um bei diesem einmal angenommenen Betrage zu bleiben – nicht sofort gänzlich eingezahlt werden müßte. Es hätte den weiteren Vorteil, daß auch der Kredit dieser mächtigen Finanzgruppen der Unternehmung zuflösse. In der jüdischen Finanzmacht schlummern noch sehr viele ungenützte politische Kräfte. Von den Feinden des Judentums wird diese Finanzmacht als so wirksam dargestellt, wie sie sein könnte, aber tatsächlich nicht ist. Die armen Juden spüren nur den Haß, den diese Finanzmacht erregt; den Nutzen, die Linderung ihrer Leiden, welche bewirkt werden könnte, haben die armen Juden nicht. Die Kreditpolitik der großen Finanzjuden müßte sich in den Dienst der Volksidee stellen. Fühlen aber diese mit ihrer Lage ganz zufriedenen Herren sich nicht bewogen, etwas für ihre Stammesbrüder zu tun, die man mit Unrecht für die großen Vermögen einzelner verantwortlich macht, so wird die Verwirklichung dieses Planes Gelegenheit geben, eine reinliche Scheidung zwischen ihnen und dem übrigen Teile des Judentums durchzuführen.

Die Hochbank wird übrigens durchaus nicht aufgefordert, einen so enormen Betrag aus Wohltätigkeit zu beschaffen. Das wäre eine törichte Zumutung. Die Gründer und Aktionäre der Jewish Company sollen vielmehr ein gutes Geschäft machen, und sie werden sich im vorhinein davon Rechenschaft geben können, welche Chancen bevorstehen. Die Society of Jews wird nämlich im Besitze aller Belege und Behelfe sein, aus denen sich die Aussichten der Jewish Company erkennen lassen. Die Society of

Jews wird insbesondere den Umfang der neuen Judenbewegung genau erforscht haben und den Gründern der Company auf eine vollkommen verläßliche Weise mitteilen können, mit welcher Beteiligung diese rechnen darf. Durch die Herstellung der alles umfassenden modernen Judenstatistik wird die Society für die Company die Arbeiten einer Société d'études besorgen, wie man diese in Frankreich zu machen pflegt, bevor man an die Finanzierung eines sehr großen Unternehmens herangeht.

Die Sache wird dennoch vielleicht nicht den kostbaren Beifall der jüdischen Geldmagnaten finden. Diese werden sogar vielleicht durch ihre geheimen Knechte und Agenten den Kampf gegen unsere Judenbewegung einzuleiten versuchen. Einen solchen Kampf werden wir wie jeden anderen, der uns aufgezwungen wird, mit schonungsloser Härte führen.

Die Geldmagnaten werden sich vielleicht auch nur begnügen, die Sache mit einem ablehnenden Lächeln abzutun.

Ist sie damit erledigt?

Nein.

Dann geht die Geldbeschaffung auf die zweite Stufe, an die mittelreichen Juden. Die jüdische Mittelbank müßte im Namen der Volksidee gegen die Hochbank zusammengerafft werden zu einer zweiten formidablen Geldmacht. Das hätte den Übelstand, daß zunächst nur ein Geldgeschäft daraus würde, denn die Milliarde müßte voll eingezahlt werden – sonst darf man nicht anfangen –, und da dies Geld erst langsam in Verwendung trete, so würde man in den ersten Jahren allerlei Bank- und Anleihegeschäfte machen. Es ist nicht ausgeschlossen, daß so allmählich der ursprüngliche Zweck in Vergessenheit geriete, die mittelreichen Juden hätten ein neues großes Geschäft gefunden, und die Judenwanderung würde versumpfen.

Phantastisch ist die Idee dieser Geldbeschaffung durchaus nicht, das weiß man. Verschiedene Male wurde ja versucht, das katholische Geld gegen die Hochbank zusammenzuraffen. Daß man sie auch mit jüdischem bekämpfen könne, hat man bisher nicht bedacht.

Aber welche Krisen hätte das alles zur Folge. Wie würden die Länder, wo solche Geldkämpfe spielten, geschädigt werden, wie müßte der Antisemitismus dabei überhandnehmen.

Mir ist das also nicht sympathisch, ich erwähne es nur, weil es in der logischen Entwicklung des Gedankens liegt.

Ob die Mittelbanken die Sache aufgreifen werden, weiß ich auch nicht.

Jedenfalls ist die Sache auch mit der Ablehnung der Mittelreichen nicht erledigt. Dann beginnt sie vielmehr erst recht.

Denn die Society of Jews, die nicht aus Geschäftsleuten besteht, kann dann die Gründung der Company als eine volkstümliche versuchen.

Das Aktienkapital der Company kann ohne Vermittlung eines Hochbank- oder Mittelbanksyndikates durch unmittelbare Ausschreibung einer Subskription aufgebracht werden. Nicht nur die armen kleinen Juden, sondern auch die Christen, welche die Juden loshaben wollen, werden sich an dieser in ganz kleine Teile zerlegten Geldbeschaffung beteiligen. Es wäre eine eigentümliche und neue Form des Plebiszites, wobei jeder, der sich für diese Lösungsform der Judenfrage aussprechen will, seine Meinung durch eine bedingte Subskription äußern könnte. In der Bedingung liegt die gute Sicherheit. Die Vollzahlung wäre nur zu leisten, wenn der ganze Betrag gezeichnet ist, sonst würde die Anzahlung zurückgegeben. Ist aber der ganze nötige Betrag durch die volkstümliche Auflage in der ganzen Welt gedeckt, dann ist jeder einzelne kleine Betrag gesichert durch die unzähligen anderen kleinen Beträge.

Es wäre dazu natürlich die ausdrückliche, entschiedene Hilfe der beteiligten Regierungen nötig.

Ortsgruppen

Die Verpflanzung

Bisher wurde nur gezeigt, wie die Auswanderung ohne wirtschaftliche Erschütterung durchzuführen ist. Aber bei einer solchen Auswanderung gibt es auch viele starke, tiefe Gemütsbewegungen. Es gibt alte Gewohnheiten, Erinnerungen, mit denen wir Menschen an den Orten haften. Wir haben Wiegen, wir haben Gräber, und man weiß, was dem jüdischen Herzen die Gräber sind. Die Wiegen nehmen wir mit – in ihnen schlummert rosig und lächelnd unsere Zukunft. Unsere teuren Gräber müssen wir zurücklassen – ich glaube, von denen werden wir habsüchtiges Volk uns am schwersten trennen. Aber es muß sein.

Schon entfernt uns die wirtschaftliche Not, der politische Druck, der gesellschaftliche Haß aus unseren Wohnorten und von unseren Gräbern. Die Juden ziehen schon jetzt jeden Augenblick aus einem Land ins andere; eine starke Bewegung geht sogar übers Meer nach den Vereinigten Staaten – wo man uns auch nicht mag. Wo wird man uns denn mögen, solange wir keine eigene Heimat haben?

Wir wollen aber den Juden eine Heimat geben. Nicht, indem wir sie gewaltsam aus ihrem Erdreich herausreißen. Nein, indem wir sie mit ihrem ganzen Wurzelwerk vorsichtig ausheben und in einen besseren Boden übersetzen. So wie wir im Wirtschaftlichen und Politischen neue Verhältnisse schaffen wollen, so gedenken wir im Gemütlichen alles Alte heiligzuhalten. Darüber nur wenige Andeutungen. Hier ist die Gefahr am größten, daß der Plan für eine Schwärmerei gehalten werde.

Und doch ist auch das möglich und wirklich, nur kommt es in der Wirklichkeit als etwas Verworrenes und Hilfloses vor. Durch die Organisierung kann es vernünftig werden.

Die Gruppenwanderung

Unsere Leute sollen in Gruppen miteinander auswandern. In Gruppen von Familien und Freunden. Niemand wird gezwungen, sich der Gruppe seines bisherigen Wohnortes anzuschließen. Jeder kann, nachdem er seine Angelegenheiten liquidiert hat, fahren, wie er will. Jeder tut es ja auf eigene Kosten, in der Bahn- und Schiffsklasse, die ihm zusagt. Unsere Bahnzüge und unsere Schiffe werden vielleicht nur eine Klasse haben. Der Unterschied des Besitzes belästigt auf so langen Reisen die Ärmeren. Und wenn wir auch unsere Leute nicht zu einer Unterhaltung hinüberführen, wollen wir ihnen doch nicht unterwegs die Laune verderben.

Im Elend wird keiner reisen. Dem eleganten Behagen hingegen soll alles möglich sein. Man wird sich schon lange vorher verabreden – es wird ja im günstigsten Falle noch Jahre dauern, bis die Bewegung in einzelnen Besitzklassen in Fluß kommt –, die Wohlhabenden werden zu Reisegesellschaften zusammentreten. Man nimmt die persönlichen Beziehungen sämtlich mit. Wir wissen ja, daß, von den Reichsten abgesehen, die Juden fast gar keinen Verkehr mit Christen haben. In manchen Ländern ist es so, daß der Jude, der sich nicht ein paar Tafelschmarotzer, Borgbrüder und Judenknechte aushält, überhaupt keinen Christen kennt. Das Ghetto besteht innerlich fort.

Man wird sich also in den Mittelständen lange und sorgfältig zur Abreise vorbereiten. Jeder Ort bildet seine Gruppe. In den großen Städten bilden sich nach Bezirken mehrere, die miteinander durch gewählte Vertreter verkehren.

Diese Bezirkseinteilung hat nichts Obligatorisches. Sie ist eigentlich nur als Erleichterung für die Minderbemittelten gedacht und um während der Fahrt kein Unbehagen, kein Heimweh aufkommen zu lassen. Jeder ist frei, allein zu fahren oder sich welcher Ortsgruppe immer anzuschließen. Die Bedingungen – nach Klassen eingeteilt – sind für alle gleich. Wenn eine Reisegesellschaft sich zahlreich genug organisiert, bekommt sie von der Company einen ganzen Bahnzug und dann ein ganzes Schiff.

Für die passende Unterkunft der Ärmeren wird das Quartieramt der Company gesorgt haben. In dem späteren Zeitpunkt, wo die Wohlhabenden wandern, wird das erkannte, weil leicht vorauszusehende Bedürfnis schon die Hotelbauten freier Unternehmer hervorgerufen haben. Auch werden ja die wohlhabenden Auswanderer sich ihre Heimstätten schon früher gebaut haben, so daß sie aus dem verlassenen alten Hause in das fertige neue nur zu übersiedeln brauchen.

Unserer ganzen Intelligenz brauchen wir ihre Aufgabe nicht erst zuzuweisen. Jeder, der sich dem nationalen Gedanken anschließt, wird wissen, wie er in seinem Kreise für die Verbreitung und Betätigung zu wirken hat. Wir werden vornehmlich an die Mitwirkung unserer Seelsorger appellieren.

Unsere Seelsorger

Jede Gruppe hat ihren Rabbiner, der mit seiner Gemeinde geht. Alle gruppieren sich zwanglos. Die Ortsgruppe bildet sich um den Rabbiner herum. So viele Rabbiner, so viele Ortsgruppen. Die Rabbiner werden uns auch zuerst verstehen, sich zuerst für die Sache begeistern und von der Kanzel herab die anderen begeistern. Es brauchen keine besonderen Versammlungen mit Geschwätz einberufen zu werden. Im Gottesdienste wird das eingeschaltet. Und so soll es sein. Wir erkennen unsere historische Zusammengehörigkeit nur am Glauben unserer Väter, weil wir ja längst die Sprachen verschiedener Nationen unverlöschbar in uns aufgenommen haben.

Die Rabbiner werden nun regelmäßig die Mitteilungen der Society und Company erhalten und sie ihrer Gemeinde verkünden und erklären. Israel wird für uns, für sich beten.

Vertrauensmänner der Ortsgruppen

Die Ortsgruppen werden kleine Vertrauensmännerkommissionen unter dem Vorsitz des Rabbiners einsetzen. Hier wird alles Praktische nach den Ortsbedürfnissen beraten und festgesetzt werden. Die Wohltätigkeitsanstalten werden durch die Ortsgruppen frei verpflanzt. Die Stiftungen werden auch drüben in der ehemaligen Ortsgruppe verbleiben, die Gebäude sollten nach meiner Ansicht nicht verkauft, sondern den christlichen Hilfsbedürftigen der verlassenen Städte gewidmet werden. Bei der Landverteilung drüben wird das den Ortsgruppen eingerechnet, indem sie unentgeltlich Bauplätze und jede Bauerleichterung erhalten.

Es wird bei der Verpflanzung der Wohltätigkeitsanstalten wieder, wie an manchen anderen Punkten dieses Planes, Gelegenheit geboten, einen Versuch zum Wohle der ganzen Menschheit zu machen. Unsere jetzige verworrene Privatwohltätigkeit stiftet im Verhältnis zum gemachten Aufwand wenig Gutes. Die Wohltätigkeitsanstalten können und müssen in ein System gebracht werden, wo sie sich gegenseitig ergänzen. In einer neuen Gesellschaft können diese Einrichtungen aus dem modernen Bewußtsein heraus und auf Grund aller sozialpolitischen Erfahrungen gemacht werden. Die Sache ist für uns sehr wichtig, weil wir viele Bettler haben. Durch den äußeren Druck, der sie mutlos macht, und durch die weichliche Wohltätigkeit der Reichen, die sie verwöhnt, lassen sich die schwächeren Naturen unter unseren Leuten leicht im Bettel gehen.

Die Society wird, unterstützt von den Ortsgruppen, der Volkserziehung in dieser Hinsicht die größte Aufmerksamkeit zuwenden. Für viele Kräfte, die jetzt nutzlos hinwelken, wird ja ein fruchtbarer Boden geschaffen. Wer nur den guten Willen hat, soll angemessen verwendet werden. Bettler werden nicht geduldet. Wer als Freier nichts tun will, kommt ins Arbeitshaus.

Hingegen wollen wir die Alten nicht ins Siechenhaus stecken. Das Siechenhaus ist eine der grausamsten Wohltaten, die unsere alberne Gutmütigkeit erfunden hat. Im Siechenhaus schämt und kränkt sich der alte Mensch zu Tode. Er ist eigentlich schon begraben. Wir aber wollen selbst denen, die auf den untersten Stufen der Intelligenz stehen, bis ans Ende die tröstliche Illusion ihrer Nützlichkeit lassen. Die zu körperlicher Arbeit Unfähigen sollen leichte Dienste erhalten. Wir müssen mit den atrophierten Armen einer jetzt schon hinwelkenden Generation rechnen. Aber die nachkommenden Generationen sollen in der Freiheit für die Freiheit anders erzogen werden.

Wir werden für alle Lebensalter, für alle Lebensstufen die sittliche Beseligung der Arbeit suchen. So wird unser Volk seine Tüchtigkeit wiederfinden im Siebenstundenlande.

Stadtpläne

Die Ortsgruppen werden ihre Bevollmächtigten zur Ortswahl delegieren. Bei der Landverteilung wird darauf Rücksicht genommen werden, daß die schonende Verpflanzung, die Erhaltung alles Berechtigten möglich sei.

In den Ortsgruppen werden die Stadtpläne aufliegen. Unsere Leute werden im vorhinein wissen, wohin sie gehen, in welchen Städten, in welchen Häusern sie wohnen werden. Es wurde schon von den Bauplänen und verständlichen Abbildungen gesprochen, die an die Ortsgruppen zu verteilen sind.

Wie in der Verwaltung eine straffe Zentralisierung, ist in den Ortsgruppen die vollste Autonomie das Prinzip. Nur so kann die Verpflanzung schmerzlos vor sich gehen.

Ich stelle mir das nicht leichter vor, als es ist; man darf es sich auch nicht schwerer vorstellen.

Der Zug des Mittelstandes

Der Mittelstand wird unwillkürlich von der Bewegung mit hinübergezogen. Die einen haben ihre Söhne als Beamte der Society oder Angestellte der Company drüben. Juristen, Mediziner, Techniker aller Zweige, junge Kaufleute, alle jüdischen Wegsucher, die jetzt aus der Bedrängnis ihrer Vaterländer hinaus in andere Weltteile erwerben gehen, werden sich auf dem hoffnungsvollen Boden versammeln. Andere haben ihre Töchter an solche aufstrebenden Leute verheiratet. Dann läßt sich von unseren jungen Leuten der eine seine Braut, der andere seine Eltern und Geschwister nachkommen. In neuen Kulturen heiratet man früh. Das kann der allgemeinen Sittlichkeit nur zustatten kommen, und wir erhalten kräftigen Nachwuchs; nicht jene schwachen Kinder spätverheirateter Väter, die zuerst ihre Energie im Lebenskampf abgenutzt haben.

Im Mittelstande zieht jeder unserer Auswanderer andere nach sich.

Den Mutigsten gehört natürlich das Beste von der neuen Welt. Es scheint nun freilich, als wäre hier die größte Schwierigkeit des Planes. Selbst wenn es uns gelingt, die Judenfrage in einer ernsten Weise zur Weltdiskussion zu stellen – selbst wenn aus dieser Erörterung auf das bestimmteste hervorgeht, daß der Judenstaat ein Weltbedürfnis ist – selbst wenn wir durch die Unterstützung der Mächte die Souveränität eines Territoriums erlangten: wie bringen wir die Judenmassen ohne Zwang aus ihren jetzigen Wohnorten in dieses neue Land? Die Wanderung ist doch immer als eine freie gedacht?

Das Phänomen der Menge

Ein mühsames Anfachen der Bewegung wird wohl kaum nötig sein. Die Antisemiten besorgen das schon für uns. Sie brauchen nur soviel zu tun wie bisher, und die Auswanderlust der Juden wird erwachen, wo sie nicht besteht, und sich verstärken, wo sie schon vorhanden ist. Wenn die Juden jetzt in antisemitischen Ländern verbleiben, so geschieht das hauptsächlich aus dem Grunde, weil selbst die historisch Ungebildeten wissen, daß wir uns durch die zahlreichen Ortswechsel in den Jahrhunderten nie dauernd geholfen haben. Gäbe es heute ein Land, wo man die Juden willkommen hieße und ihnen auch viel weniger Vorteile böte, als im Judenstaate, wenn er entsteht, gesichert sind, so fände augenblicklich ein starker Zug von Juden dahin statt. Die Ärmsten, die nichts zu verlieren haben, würden sich hinschleppen. Ich behaupte aber, und jeder wird ja bei sich wissen, ob es wahr ist, daß die Auswanderlust wegen des Druckes, der auf uns lastet, bei uns selbst in wohlhabenden Schichten vorhanden ist. Nun würden ja schon die Ärmsten zur Gründung des Staates genügen, ja sie sind das tüchtigste Menschenmaterial für eine Landnahme, weil man zu großen

Unternehmungen ein bißchen Verzweiflung in sich haben muß. Aber indem unsere Desperados durch ihr Erscheinen, durch ihre Arbeit den Wert des Landes heben, machen sie allmählich auch für Besitzkräftigere die Verlockung entstehen, nachzuziehen.

Immer höhere Schichten werden ein Interesse bekommen hinüberzugehen. Den Zug der ersten, Ärmsten, werden ja Society und Company gemeinsam leiten und dabei doch wohl die Unterstützung der schon bestehenden Auswanderungs- und Zionsvereine finden.

Wie läßt sich eine Menge ohne Befehl nach einem Punkte hin dirigieren?

Es gibt einzelne jüdische Wohltäter in großem Stile, welche die Leiden der Juden durch zionistische Versuche mildern wollen. Solche Wohltäter mußten sich schon mit dieser Frage beschäftigen, und sie glaubten, sie zu lösen, wenn sie den Auswanderern Geld oder Arbeitsmittel in die Hand gaben. Der Wohltäter sagte also: „Ich zahle den Leuten, damit sie hingehen." Das ist grundfalsch und mit allem Gelde der Erde nicht zu erschwingen.

Die Company wird im Gegenteil sagen: „Wir zahlen ihnen nicht, wir lassen sie zahlen. Nur setzen wir ihnen etwas vor."

Ich will das an einem scherzhaften Beispiel anschaulich machen. Einer dieser Wohltäter, den wir den Baron nennen wollen, und ich möchte eine Menschenmenge an einem heißen Sonntagnachmittag auf der Ebene von Longchamp bei Paris haben. Der Baron wird, wenn er jedem einzelnen 10 Francs verspricht, für 200.000 Francs 20.000 schwitzende, unglückliche

Leute hinausbringen, die ihm fluchen werden, weil er ihnen diese Plage auferlegte.

Ich hingegen werde diese 200.000 Francs als Rennpreis aussetzen für das schnellste Pferd – und dann lasse ich die Leute durch Schranken von Longchamp abhalten. Wer hinein will, muß zahlen: 1 Franc, 5 Francs, 20 Francs.

Die Folge ist, daß ich eine halbe Million Menschen hinausbekomme, der Präsident der Republik fährt B la Daumont vor, die Menge erfreut und belustigt sich an sich selbst. Es ist für die meisten trotz Sonnenbrand und Staub eine glückliche Bewegung im Freien, und ich habe für die 200.000 Francs eine Million an Eintrittsgeldern und Spielsteuern eingenommen. Ich werde dieselben Leute, wann ich will, wieder dort haben; der Baron nicht – der Baron um keinen Preis.

Ich will das Phänomen der Menge übrigens gleich ernster beim Broterwerbe zeigen. Man versuche es einmal, in den Straßen einer Stadt ausrufen zu lassen: „Wer in einer nach allen Seiten freistehenden, eisernen Halle im Winter bei schrecklicher Kälte, im Sommer bei quälender Hitze den ganzen Tag auf seinen Beinen stehen, jeden Vorübergehenden anreden und ihm Trödelkram oder Fische oder Obst anbieten wird, bekommt 2 oder 4 Francs oder was sie wollen."

Wieviel Leute bekommt man wohl da hin? Wenn sie der Hunger hintreibt, wieviel Tage halten sie aus? Wenn sie aushalten, mit welchem Eifer werden sie wohl die Vorübergehenden zum Kaufe von Obst, Fischen oder Trödelkram zu bestimmen versuchen?

Wir machen es anders. An den Punkten, wo ein großer Verkehr besteht, und diese Punkte können wir um so leichter finden, als wir selbst ja den Verkehr leiten, wohin wir wollen, an diesen Punkte errichten wir große Hallen und nennen sie: Märkte. Wir könnten die Hallen schlechter, gesundheitswidriger bauen als jene, und doch würden uns die Leute hinströmen. Aber wir werden sie schöner und besser, mit unserem ganzen Wohlwollen bauen. Und diese Leute, denen wir nichts versprochen haben, weil wir ihnen, ohne Betrüger zu sein, nichts versprechen können, diese braven, geschäftslustigen Leute werden unter Scherzen einen lebhaften Marktverkehr hervorbringen. Sie werden unermüdlich die Käufer harangieren, sie werden auf ihren Beinen dastehen und die Müdigkeit kaum bemerken. Sie werden nicht nur Tag um Tag herbeieilen, um die ersten zu sein, sie werden sogar Verbände, Kartelle, alles mögliche schließen, um nur dieses Erwerbsleben ungestört führen zu können. Und wenn sich auch am Feierabend herausstellt, daß sie mit all der braven Arbeit nur 1 M. 50 kr. oder 3 Francs oder was sie wollen verdient haben, werden sie doch mit Hoffnung in den nächsten Tag blicken, der vielleicht besser sein wird.

Wir haben ihnen die Hoffnung geschenkt.

Will man wissen, wo wir die Bedürfnisse hernehmen, die wir für die Märkte brauchen? Muß das wirklich noch gesagt werden?

Ich zeigte früher, daß durch die Assistance par le travail der fünfzehnfache Verdienst erzeugt wird. Für eine Million fünfzehn Millionen, für eine Milliarde fünfzehn Milliarden.

Ja, ob dies im großen auch so richtig ist wie im kleinen? Der Ertrag des Kapitals hat doch in der Höhe eine abnehmende Progression? Ja, des schlafenden, feige verkrochenen Kapitals, nicht der des arbeitenden. Das arbeitende Kapital hat sogar in der Höhe eine furchtbar zunehmende Ertragskraft. Da steckt ja die soziale Frage.

Ob das richtig ist, was ich sage? Ich rufe dafür die reichsten Juden als Zeugen auf. Warum betreiben diese so viele verschiedene Industrien? Warum schicken sie Leute unter die Erde, um für mageren Lohn unter entsetzlichen Gefahren Kohle heraufzuschaffen? Ich denke mir das nicht angenehm, auch nicht für die Grubenbesitzer. Ich glaube ja nicht an die Herzlosigkeit der Kapitalisten und stelle mich nicht, als ob ich es glaubte. Ich will ja nicht hetzen, sondern versöhnen.

Brauche ich das Phänomen der Menge und wie man sie nach beliebigen Punkten zieht auch noch an den frommen Wanderungen zu erklären?

Ich möchte niemandes heilige Empfindungen durch Worte verletzen, die falsch ausgelegt werden könnten.

Nur kurz deute ich an, was in der mohammedanischen Welt der Zug der Pilger nach Mekka ist, in der katholischen Welt Lourdes und so zahllose andere Punkte, von wo Menschen durch ihren Glauben getröstet heimkehren, und der heilige Rock zu Trier. So werden auch wir dem tiefen Glaubensbedürfnisse unserer Leute Zielpunkte errichten. Unsere Geistlichen werden uns ja zuerst verstehen und mit uns gehen.

Wir wollen drüben jeden nach seiner Fasson selig werden lassen. Auch und vor allem unsere teuren Freidenker, unser unsterbliches Heer, das für die Menschheit immer neue Gebiete erobert.

Auf niemanden soll ein anderer Zwang ausgeübt werden als der zur Erhaltung des Staates und der Ordnung nötige. Und dieses

Nötige wird nicht von der Willkür einer oder mehrerer Personen wechselnd bestimmt sein, sondern in ehernen Gesetzen ruhen. Will man nun gerade aus den von mir gewählten Beispielen folgern, daß die Menge nur vorübergehend nach solchen Zielpunkten des Glaubens, des Erwerbes oder des Vergnügens gezogen werden kann, so ist die Widerlegung dieses Einwurfs einfach. Ein solcher Zeitpunkt vermag die Massen nur anzulocken. Alle diese Anziehungspunkte zusammen sind geeignet, sie festzuhalten und dauernd zu befriedigen. Denn diese Anziehungspunkte bilden zusammengenommen eine große Einheit, eine langgesuchte, nach der unser Volk nie aufgehört hat, sich zu sehnen; für die es sich erhalten hat, für die es durch den Druck erhalten worden ist: die freie Heimat! Wenn die Bewegung entsteht, werden wir die einen nachziehen, die anderen uns nachfließen lassen, die dritten werden mitgerissen, und die vierten wird man uns nachdrängen.

Diese, die zögernden späten Nachzügler, werden hüben und drüben am schlechtesten daran sein.

Aber die ersten, die gläubig, begeistert und tapfer hinübergehen, werden die besten Plätze haben.

Unser Menschenmaterial

Über kein Volk sind so viel Irrtümer verbreitet wie über die Juden. Und wir sind durch unsere geschichtlichen Leiden so gedrückt und mutlos geworden, daß wir diese Irrtümer selbst nachsprechen und nachglauben. Eine der falschen Behauptungen ist die unmäßige Handelslust der Juden. Nun ist es bekannt, daß wir dort, wo wir aufsteigende Klassenbewegung mitmachen können, uns eilig vom Handel entfernen. Weitaus die meisten jüdischen Kaufleute lassen ihre Söhne studieren. Daher kommt ja die sogenannte Verjudung aller gebildeten Berufe. Aber auch in den wirtschaftlich schwächeren Schichten ist unsere Handelslust keineswegs so groß, wie angenommen wird. In den östlichen Ländern Europas gibt es große Massen von Juden, die keine Handeltreibenden sind und vor schweren Arbeiten nicht zurückschrecken. Die Society of Jews wird in der Lage sein, eine wissenschaftlich genaue Statistik unserer Menschenkräfte vorzubereiten. Die neuen Aufgaben und Aussichten, die unsere Leute im neuen Lande erwarten werden die jetzigen Handarbeiter befriedigen und viele der jetzigen kleinen Händler zu Handarbeitern machen.

Ein Hausierer, der mit dem schweren Pack auf dem Rücken über Land geht, fühlt sich nicht so glücklich, wie seine Verfolger glauben. Mit dem Siebenstundentage sind alle diese Leute zu Arbeitern zu machen. Es sind so brave, verkannte Leute und leiden jetzt vielleicht am schwersten. Übrigens wird sich die Society of Jews von Anfang an mit ihrer Erziehung zu Arbeitern beschäftigen. Die Erwerbslust wird auf eine gesunde Weise anzuregen sein. Der Jude ist sparsam, findig und erfüllt vom stärksten Familiensinn. Solche Menschen eignen sich zu jeder Erwerbstätigkeit, und es wird genügen, den Kleinhandel zu einem unergiebigen zu machen, um selbst die jetzigen Hausierer davon abzubringen. Hierzu würde beispielsweise die Begünstigung großer Kaufhäuser, in denen man alles findet, dienen. Diese Universalkaufhäuser erdrücken schon jetzt in den Großstädten den kleinen Handel. In einer neuen Kultur würden sie sein Entstehen geradezu verhindern. Ihre Einrichtung hätte gleichzeitig den Vorteil, das Land auch für Menschen mit vorgeschrittenen Bedürfnissen sofort bewohnbar zu machen.

Kleine Gewohnheiten

Verträgt es sich mit dem Ernste dieser Schrift, daß ich, wenn auch nur flüchtig, von den kleinen Gewohnheiten und Bequemlichkeiten des Alltagsmenschen spreche?

Ich glaube, ja. Es ist sogar sehr wichtig. Denn diese kleinen Gewohnheiten sind wie tausend Zwirnsfäden, von denen jeder einzelne dünn und schwach ist – zusammen sind sie ein unzerreißbares Seil.

Auch auf diesem Punkte muß man sich von beschränkten Vorstellungen freimachen. Wer etwas von der Welt gesehen hat, der weiß, daß gerade die kleinen Alltagsgewohnheiten schon jetzt mit Leichtigkeit überallhin verpflanzt werden. Ja, die technischen Errungenschaften unserer Zeit, welche dieser Plan für die Menschlichkeit verwenden möchte, sind bisher hauptsächlich für die kleinen Gewohnheiten verwendet worden. Es gibt englische Hotels in Ägypten und auf den Berggipfeln der Schweiz, Wiener Cafés in Südafrika, französische Theater in Rußland, deutsche Opern in Amerika und das beste bayrische Bier in Paris.

Wenn wir noch einmal aus Mizraim wandern, werden wir die Fleischtöpfe nicht vergessen.

In jeder Ortsgruppe kann und wird jeder seine kleinen Gewohnheiten wiederfinden, nur besser, schöner, angenehmer.

Society of Jews und Judenstaat

Negotiorum Gestio

Diese Schrift ist nicht für Fachjuristen berechnet; darum kann ich meine Theorie vom Rechtsgrunde des Staates auch nur flüchtig andeuten, wie vieles andere.

Dennoch muß ich einiges Gewicht auf meine neue Theorie legen, die sich wohl selbst in einer rechtsgelehrten Diskussion wird halten lassen.

Rousseaus heute schon veraltete Auffassung wollte dem Staat einen Gesellschaftsvertrag zugrunde legen. Rousseau meint: „Die Klauseln dieses Vertrages sind durch die Natur der Verhandlung so bestimmt, daß die geringste Abänderung sie nichtig und wirkungslos machen müßte. Die Folge davon ist, daß sie, wenn sie auch vielleicht nie ausdrücklich ausgesprochen wären, doch überall gleich, überall stillschweigend angenommen und anerkannt sind usw."

Die logische und geschichtliche Widerlegung von Rousseaus Theorie war und ist nicht schwer, wie furchtbar und fruchtbar diese Theorie auch gewirkt habe. Für die modernen Verfassungsstaaten ist die Frage, ob vor der Konstitution schon ein Gesellschaftsvertrag mit „nicht ausdrücklich ausgesprochenen, aber unabänderlichen Klauseln" bestanden habe, ohne praktisches Interesse. Jetzt ist das Rechtsverhältnis zwischen Regierung und Bürgern jedenfalls festgesetzt.

Aber vor der Einrichtung einer Verfassung und beim Entstehen eines neuen Staates sind diese Grundsätze auch praktisch wichtig. Daß neue Staaten noch immer entstehen können, wissen wir ja, sehen wir ja. Kolonien fallen vom Mutterlande ab, Vasallen reißen sich vom Suzerän los, neu erschlossene Territorien werden gleich als freie Staaten gegründet. Der Judenstaat ist allerdings als eine ganz eigentümliche Neubildung auf noch unbestimmtem Territorium gedacht. Aber nicht die Länderstrecken sind der Staat, sondern die durch eine Souveränität zusammengefaßten Menschen sind es.

Das Volk ist die persönliche, das Land die dingliche Grundlage des Staates. Und von diesen beiden Grundlagen ist die persönliche die wichtigere. Es gibt zum Beispiel eine Souveränität ohne dingliche Grundlage, und sie ist sogar die geachtetste der Erde: Es ist die Souveränität des Papstes.

In der Wissenschaft vom Staate herrscht gegenwärtig die Theorie der Vernunftnotwendigkeit. Diese Theorie reicht aus, um die Entstehung des Staates zu rechtfertigen, und sie kann nicht geschichtlich widerlegt werden wie die Vertragstheorie. Soweit es sich um die Entstehung des Judenstaates handelt, befinde ich mich in dieser Schrift vollkommen auf dem Boden der Vernunftnotwendigkeitstheorie. Diese weicht aber dem Rechtsgrunde des Staates aus. Der modernen Anschauung entsprechen die Theorie der göttlichen Stiftung, die der Übermacht, die Patriarchal-, Patrimonial- und Vertragstheorie nicht. Der Rechtsgrund des Staates wird bald zu sehr in den Menschen (Übermachts-, Patriarchal- und Vertragstheorie), bald rein über den Menschen (göttliche Stiftung), bald unter den Menschen (dingliche Patrimonialtheorie) gesucht. Die Vernunftnotwendigkeit läßt die Frage bequem oder vorsichtig unbeantwortet. Eine Frage, mit der sich die größten Rechtsphilosophen aller Zeiten so tief beschäftigt haben, kann jedoch nicht ganz müßig sein. Tatsächlich liegt im Staat eine Mischung von Menschlichem und Übermenschlichem vor. Für das zuweilen drückende Verhältnis, in welchem die Regierten zu den Regierenden stehen, ist ein Rechtsgrund unerläßlich. Ich glaube, er kann in der negotiorum gestio gefunden werden. Wobei man sich die Gesamtheit der Bürger dominus negotiorum und die Regierung als den Gestor zu denken hat.

Der wunderbare Rechtssinn der Römer hat in der negotiorum gestio ein edles Meisterwerk geschaffen. Wenn das Gut eines Behinderten in Gefahr ist, darf jeder hinzutreten und es retten. Das ist der Gestor, der Führer fremder Geschäfte. Er hat keinen Auftrag, das heißt keinen menschlichen Auftrag. Sein Auftrag ist ihm von einer höheren Notwendigkeit erteilt. Diese höhere Notwendigkeit kann für den Staat auf verschiedene Weise formuliert werden und wird auch auf den einzelnen Kulturstufen dem jeweiligen allgemeinen Begriffsvermögen entsprechend verschiedenartig formuliert. Gerichtet ist die Gestio auf das Wohl des Dominus, des Volkes, zu dem ja auch der Gestor selbst gehört.

Der Gestor, verwaltet ein Gut, dessen Miteigentümer er ist. Aus seinem Miteigentum schöpft er wohl die Kenntnis des Notstandes, der das Eingreifen, die Führung in Krieg und Frieden erfordert; aber keineswegs gibt er sich als Miteigentümer selbst einen gültigen Auftrag. Er kann die Zustimmung der unzähligen Miteigentümer im günstigsten Falle nur vermuten.

Der Staat entsteht durch den Daseinskampf eines Volkes. In diesem Kampfe ist es nicht möglich, erst auf umständliche Weise einen ordentlichen Auftrag einzuholen. Ja, es würde jede

Unternehmung für die Gesamtheit von vornherein scheitern, wenn man zuvor einen regelrechten Mehrheitsbeschluß erzielen wollte. Die innere Parteiung würde das Volk gegen den äußeren Notstand wehrlos machen. Alle Köpfe sind nicht unter einen Hut zu bringen, wie man gewöhnlich sagt. Darum setzt der Gestor einfach den Hut auf und geht voran.

Der Staatsgestor ist genügend legitimiert, wenn die allgemeine Sache in Gefahr und der Dominus durch Willensunfähigkeit oder auf andere Art verhindert ist, sich selbst zu helfen.

Aber durch sein Eingreifen wird der Gestor dem Dominus ähnlich wie aus einem Vertrage, quasi ex contractu, verpflichtet. Das ist das vorbestandene, oder richtiger: mitentstehende, Rechtsverhältnis im Staate.

Der Gestor muß dann für jede Fahrlässigkeit haften, auch wegen verschuldeter Nichtvollendung der einmal übernommenen Geschäfte und Versäumung dessen, was damit im wesentlichen Zusammenhange steht usw. Ich will die negotiorum gestio hier nicht weiter ausführen und auf den Staat übertragen. Das würde uns zu weit vom eigentlichen Gegenstande ablenken. Nur das eine sei noch angeführt: „Durch Genehmigung wird die Geschäftsführung für den Geschäftsherrn in gleicher Art wirksam, als wenn sie ursprünglich seinem Auftrag gemäß geschehen wäre."

Und was bedeutet das alles in unserem Falle?

Das Judenvolk ist gegenwärtig durch die Diaspora verhindert, seine politischen Geschäfte selbst zu führen. Dabei ist es auf verschiedenen Punkten in schwerer oder leichterer Bedrängnis. Es braucht vor allem einen Gestor.

Dieser Gestor darf nun freilich nicht ein einzelnes Individuum sein. Ein solches wäre lächerlich oder weil es auf seinem eigenen Vorteil auszugehen schiene – verächtlich.

Der Gestor der Juden muß in jedem Sinne des Wortes eine moralische Person sein.

Und das ist die Society of Jews.

Der Gestor der Juden.

Dieses Organ der Volksbewegung, dessen Art und Aufgaben wir erst jetzt erörtern, wird tatsächlich vor allem anderen entstehen. Die Entstehung ist eine überaus einfache. Aus dem Kreise der wackeren englischen Juden, denen ich in London den Plan mitteilte, wird sich diese moralische Person bilden. Die Society of Jews ist die Zentralstelle der beginnenden Judenbewegung.

Die Society hat wissenschaftliche und politische Aufgaben. Die Gründung des Judenstaates, wie ich mir sie denke, hat moderne, wissenschaftliche Voraussetzungen. Wenn wir heute aus Mizraim wandern, kann es nicht in der naiven Weise der alten Zeit geschehen. Wir werden uns vorher anders Rechenschaft geben von unserer Zahl und Kraft. Die Society of Jews ist der neue Moses der Juden. Die Unternehmung des alten großen Gestors der Juden in den einfachen Zeiten verhält sich zur unserigen wie ein wunderschönes, altes Singspiel zu einer modernen Oper. Wir spielen dieselbe Melodie mit viel, viel mehr Violinen, Flöten, Harfen, Knie- und Baßgeigen, elektrischem Licht, Dekorationen, Chören, herrlicher Ausstattung und mit den ersten Sängern.

Diese Schrift soll die allgemeine Diskussion über die Judenfrage eröffnen. Freunde und Feinde werden sich daran beteiligen – ich hoffe, nicht mehr in der bisherigen Form sentimentaler Verteidigungen und wüster Beschimpfungen. Die Debatte soll sachlich, groß, ernst und politisch geführt werden.

Die Society of Jews wird alle Kundgebungen der Staatsmänner, Parlamente, Judengemeinden, Vereine, die in Wort und Schrift, in Versammlungen, Zeitungen und Büchern hervorkommen, sammeln. So wird die Society zum erstenmal erfahren und feststellen, ob die Juden schon ins Gelobte Land wandern wollen und müssen. Die Society wird von den Judengemeinden in aller Welt die Behelfe zu einer umfassenden Statistik der Juden erhalten.

Die späteren Aufgaben, die gelehrte Erforschung des neuen Landes und seiner natürlichen Hilfsmittel, der einheitliche Plan zur Wanderung und Ansiedlung, die Vorarbeiten für die Gesetzgebung und Verwaltung usw. sind aus dem Zweck vernünftig zu entwickeln.

Nach außen muß die Society versuchen, wie ich schon anfangs im allgemeinen Teil erklärte, als staatsbildende Macht anerkannt zu werden. Aus der freien Zustimmung vieler Juden kann sie den Regierungen gegenüber die nötige Autorität schöpfen.

Nach innen, das heißt dem Judenvolke gegenüber, schafft die Society die unentbehrlichen Einrichtungen der ersten Zeit – die Urzelle, um es mit einem naturwissenschaftlichen Worte zu sagen, aus der sich später die öffentlichen Einrichtungen des Judenstaates entwickeln sollen.

Das erste Ziel ist, wie schon gesagt, die völkerrechtlich gesicherte Souveränität auf einem für unsere gerechten Bedürfnisse ausreichenden Landstrich.

Was hat nachher zu geschehen?

Die Landergreifung

Als die Völker in den historischen Zeiten wanderten, ließen sie sich vom Weltzufall tragen, ziehen, schleudern. Wie Heuschreckenschwärme gingen sie in ihrem bewußtlosen Zuge irgendwo nieder. In den geschichtlichen Zeiten kannte man ja die Erde nicht. Die neue Judenwanderung muß nach wissenschaftlichen Grundsätzen erfolgen.

Noch vor einigen vierzig Jahren wurde die Goldgräberei auf eine wunderlich einfältige Weise betrieben. Wie abenteuerlich ist es in Kalifornien zugegangen! Da liefen auf ein Gerücht hin die Desperados aus aller Welt zusammen, stahlen der Erde, raubten einander das Gold ab – und verspielten es dann ebenso räubermäßig.

Heute! Man sehe sich heute die Goldgräberei in Transvaal an. Keine romantischen Strolche mehr, sondern nüchterne Geologen und Ingenieure leiten die Goldindustrie. Sinnreiche Maschinen lösen das Gold aus dem erkannten Gestein. Dem Zufall ist wenig überlassen.

So muß das neue Judenland mit allen modernen Hilfsmitteln erforscht und in Besitz genommen werden.

Sobald uns das Land gesichert ist, fährt das Landnahmeschiff hinüber.

Auf dem Schiff befinden sich die Vertreter der Society, der Company und der Ortsgruppen.

Diese Landnehmer haben drei Aufgaben:

1. die genaue wissenschaftliche Erforschung aller natürlichen Eigenschaften des Landes,
2. die Errichtung einer straff zentralisierten Verwaltung,
3. die Landverteilung.

Diese Aufgaben greifen ineinander und sind dem schon genügend bekannten Zweck entsprechend auszuführen.

Nur eins ist noch nicht klargemacht: nämlich wie die Landergreifung nach Ortsgruppen vor sich gehen soll.

In Amerika okkupiert man bei Erschließung eines neuen Territoriums auch noch auf eine recht naive Art. Die Landnehmer versammeln sich an der Grenze und stürzen sich zur bestimmten Stunde gleichzeitig und gewaltsam darauf los.

So wird es im neuen Judenlande nicht zu machen sein. Die Plätze der Provinzen und Städte werden versteigert. Nicht etwa für Geld, sondern für Leistungen. Es ist nach dem allgemeinen Plane festgestellt worden, welche Straßen, Brücken, Wasserregulierungen usw. nötig sind für den Verkehr. Das wird nach Provinzen zusammengelegt. Innerhalb der Provinzen werden in ähnlicher Weise die Stadtplätze versteigert. Die Ortsgruppen übernehmen die Verpflichtung, das ordentlich auszuführen. Sie bestreiten die Kosten aus autonomen Umlagen. Die Society wird ja in der Lage sein vorauszuwissen, ob sich die Ortsgruppen keiner zu großen Opfer vermessen. Die großen Gemeinwesen erhalten große Schauplätze für ihre Tätigkeit. Größere Opfer werden durch gewisse Zuwendungen belohnt: Universitäten, Fach-, Hochschulen, Versuchsanstalten usw. und jene Staatsinstitute, die nicht in der Hauptstadt sein müssen, werden über das Land zerstreut.

Für die richtige Ausführung des Übernommenen haftet das eigene Interesse der Ersteher und im Notfall die Ortsumlage. Denn so wie wir den Unterschied einzelner Individuen nicht aufheben können und wollen, so bleibt auch der Unterschied zwischen den Ortsgruppen bestehen. Alles gliedert sich auf natürliche Weise. Alle erworbenen Rechte werden geschützt, jede neue Entwicklung erhält genügenden Spielraum. Diese Dinge werden sämtlich unseren Leuten deutlich bekannt sein.

So wie wir die andern nicht überrumpeln oder betrügen, so täuschen wir uns auch selbst nicht.

Von vornherein wird alles auf eine planvolle Art festgestellt sein. An der Ausarbeitung dieses Planes, den ich nur anzudeuten vermag, werden sich unsere scharfsinnigsten Köpfe beteiligen. Alle sozialwissenschaftlichen und technischen Errungenschaften der Zeit, in der wir leben, und der immer höheren Zeit, in welche die langwierige Ausführung des Planes fallen wird, sind für den Zweck zu verwenden. Alle glücklichen Erfindungen, die schon da sind und die noch kommen werden, sind zu benützen. So kann es eine in der Geschichte beispiellose Form der Landnahme und Staatsgründung werden, mit bisher nicht dagewesenen Chancen des Gelingen.

Verfassung

Eine der von der Society einzusetzenden großen Kommissionen wird der Rat der Staatsjuristen sein. Diese müssen eine möglichst gute moderne Verfassung zustande bringen. Ich glaube, eine gute Verfassung soll von mäßiger Elastizität sein. In einem anderen Werke habe ich auseinandergesetzt, welche

Staatsformen mir als die besten erscheinen. Ich halte die demokratische Monarchie und die aristokratische Republik für die feinsten Formen des Staates. Staatsform und Regierungsprinzip müssen in einem ausgleichenden Gegensatz zueinander stehen. Ich bin ein überzeugter Freund monarchistischer Einrichtungen, weil sie eine beständige Politik ermöglichen und das mit der Staatserhaltung verknüpfte Interesse einer geschichtlich berühmten, zum Herrschen geborenen und erzogenen Familie vorstellen. Unsere Geschichte ist jedoch so lange unterbrochen gewesen, daß wir an die Einrichtung nicht mehr anknüpfen können. Der bloße Versuch unterläge dem Fluche der Lächerlichkeit.

Die Demokratie ohne das nützliche Gegengewicht eines Monarchen ist maßlos in der Anerkennung und in der Verurteilung, führt zu Parlamentsgeschwätz und zur häßlichen Kategorie der Berufspolitiker. Auch sind die jetzigen Völker nicht geeignet für die unbeschränkte Demokratie, und ich glaube, sie werden zukünftig immer weniger dazu geeignet sein. Die reine Demokratie setzt nämlich sehr einfache Sitten voraus, und unsere Sitten werden mit dem Verkehr und mit der Kultur immer komplizierter. „Le ressort d'une démocratie est la vertu", sagt der weise Montesquieu. Und wo findet man diese Tugend, die politische meine ich? Ich glaube nicht an unsere politische Tugend, weil wir nicht anders sind als die anderen modernen Menschen und weil uns in der Freiheit zunächst der Kamm schwellen würde. Das Referendum halte ich für unvollständig, denn in der Politik gibt es keine einfachen Fragen, die man bloß mit Ja und Nein beantworten kann. Auch sind die Massen noch ärger als die Parlamente jedem Irrglauben unterworfen, jedem kräftigen Schreier zugeneigt. Vor versammeltem Volke kann man weder äußere noch innere Politik machen.

Politik muß von oben herab gemacht werden. Im Judenstaate soll darum doch niemand geknechtet werden, denn jeder Jude kann aufsteigen, jeder wird aufsteigen wollen. So muß ein gewaltiger Zug nach oben in unser Volk kommen. Jeder einzelne wird nur glauben, sich selbst zu heben, und dabei wird die Gesamtheit gehoben. Das Aufsteigen ist in sittliche, dem Staate nützliche, der Volksidee dienende Formen zu binden.

Darum denke ich mir eine aristokratische Republik. Das entspricht auch dem ehrgeizigen Sinne unseres Volkes, der jetzt zu alberner Eitelkeit entartet ist. Manche Einrichtung Venedigs schwebt mir vor; aber alles, woran Venedig zugrunde ging, ist zu vermeiden. Wir werden aus den geschichtlichen Fehlern anderer lernen, wie aus unseren eigenen. Denn wir sind ein modernes Volk und wollen das modernste werden. Unser Volk, dem die Society das neue Land bringt, wird auch die Verfassung, die ihm die Society gibt, dankbar annehmen. Wo sich aber Widerstände zeigen, wird die Society sie brechen. Sie kann sich im Werke durch beschränkte oder böswillige Individuen nicht stören lassen.

Sprache

Vielleicht denkt jemand, es werde eine Schwierigkeit sein, daß wir keine gemeinsame Sprache mehr haben. Wir können doch nicht Hebräisch miteinander reden. Wer von uns weiß genug Hebräisch, um in dieser Sprache ein Bahnbillett zu verlangen? Das gibt es nicht. Dennoch ist die Sache sehr einfach. Jeder behält seine Sprache, welche die liebe Heimat seiner Gedanken ist. Für die Möglichkeit des Sprachenföderalismus ist die Schweiz ein endgültiges Beispiel. Wir werden auch drüben bleiben, was wir jetzt sind, so wie wir nie aufhören werden, unsere Vaterländer, aus denen wir verdrängt wurden, mit Wehmut zu lieben.

Die verkümmerten und verdrückten Jargons, deren wir uns jetzt bedienen, diese Ghettosprachen werden wir uns abgewöhnen. Es waren die verstohlenen Sprachen von Gefangenen. Unsere Volkslehrer werden dieser Sache ihre Aufmerksamkeit zuwenden. Die dem allgemeinen Verkehre am meisten nützende Sprache wird sich zwanglos als Hauptsprache einsetzen. Unsere Volksgemeinschaft ist ja eine eigentümliche, einzige. Wir erkennen uns eigentlich nur noch am väterlichen Glauben als zusammengehörig.

Theokratie

Werden wir also am Ende eine Theokratie haben? Nein! Der Glaube hält uns zusammen, die Wissenschaft macht uns frei. Wir werden daher theokratische Velleitäten unserer Geistlichen gar nicht aufkommen lassen. Wir werden sie in ihren Tempeln festzuhalten wissen, wie wir unser Berufsheer in den Kasernen festhalten werden. Heer und Klerus sollen so hoch geehrt werden, wie es ihre schönen Funktionen erfordern und verdienen. In den Staat, der sie auszeichnet, haben sie nichts dreinzureden, denn sie werden äußere und innere Schwierigkeiten heraufbeschwören.

Jeder ist in seinem Bekenntnis oder in seinem Unglauben so frei und unbeschränkt wie in seiner Nationalität. Und fügt es sich, daß auch Andersgläubige, Andersnationale unter uns wohnen, so werden wir ihnen einen ehrenvollen Schutz und die Rechtsgleichheit gewähren. Wir haben die Toleranz in Europa gelernt. Ich sage das nicht einmal spöttisch. Den jetzigen Antisemitismus kann man nur an vereinzelten Orten für die alte religiöse Intoleranz halten. Zumeist ist er bei den Kulturvölkern eine Bewegung, mit der sie ein Gespenst ihrer eigenen Vergangenheit abwehren möchten.

Gesetze

Wenn die Verwirklichung des Staatsgedankens näherrückt, wird die Society of Jews gesetzgeberische Vorarbeiten machen lassen durch ein Juristenkollegium. Für die Übergangszeit läßt sich der Grundsatz annehmen, daß jeder, der aus den verschiedenen Ländern einwandernden Juden, nach seinen bisherigen Landesgesetzen zu beurteilen sei. Bald ist die Rechtseinheit anzustreben. Es müssen moderne Gesetze sein, auch da überall das Beste zu verwenden. Es kann eine vorbildliche Kodifikation werden, durchdrungen von allen gerechten sozialen Forderungen der Gegenwart.

Das Heer

Der Judenstaat ist als ein neutraler gedacht. Er braucht nur ein Berufsheer – allerdings ein mit sämtlichen modernen Kriegsmitteln ausgerüstetes – zur Aufrechterhaltung der Ordnung nach außen wie nach innen.

Die Fahne

Wir haben keine Fahne. Wir brauchen eine. Wenn man viele Menschen führen will, muß man ein Symbol über ihre Häupter erheben.

Ich denke mir eine weiße Fahne mit sieben goldenen Sternen. Das weiße Feld bedeutet das neue, reine Leben; die Sterne sind die sieben goldenen Stunden unseres Arbeitstages. Denn im Zeichen der Arbeit gehen die Juden in das neue Land.

Reziprozität und Auslieferungsverträge

Der neue Judenstaat muß anständig gegründet werden. Wir denken ja an unsere künftige Ehre in der Welt.

Darum müssen alle Verpflichtungen in den bisherigen Wohnorten rechtschaffen erfüllt werden. Billige Fahrt und alle Ansiedlungsbegünstigungen werden Society of Jews und Jewish Company nur denjenigen gewähren, die ein Amtszeugnis ihrer bisherigen Behörde beibringen: „In guter Ordnung fortgezogen.“ Alle privatrechtlichen Forderungen, die noch aus den verlassenen Ländern stammen, sind im Judenstaate leichter klagbar als irgendwo. Wir werden gar nicht auf Reziprozität warten. Wir tun das nur um unserer eigenen Ehre willen. So werden späterhin auch unsere Forderungen willigere Gerichte finden, als dies jetzt da und dort der Fall sein mag.

Von selbst versteht sich nach allem Bisherigen, daß wir auch die jüdischen Verbrecher leichter ausliefern als jeder andere Staat, bis zu dem Augenblicke, wo wir die Strafhoheit nach denselben Grundsätzen ausüben werden wie alle übrigen zivilisierten Völker. Es ist also eine Übergangszeit gedacht, während welcher wir unsere Verbrecher erst nach abgebüßter Strafe aufnehmen. Haben sie aber gebüßt, so werden sie ohne jede Restriktion aufgenommen, es soll auch für die Verbrecher unter uns ein neues Leben beginnen.

So kann für viele Juden die Auswanderung zu einer glücklich verlaufenden Krise werden. Die schlechten äußeren Bedingungen, unter denen mancher Charakter verdorben ist, werden behoben, und Verlorene können gerettet werden.

Ich möchte da kurz die Geschichte erzählen, die ich in einem Bericht über die Goldminen von Witwatersrand gefunden habe. Ein Mann kam eines Tages nach dem Rand, ließ sich nieder, versuchte einiges, nur nicht das Goldgraben, gründete endlich eine Eisfabrik, die prosperierte, und erwarb sich bald durch seine Anständigkeit die allgemeine Achtung. Da wurde er nach Jahren plötzlich verhaftet. Er hatte in Frankfurt als Bankier Betrügereien verübt, war entflohen und hatte hier unter falschem Namen ein neues Leben begonnen. Als man ihn aber gefangen fortführte, da erschienen die angesehensten Leute auf dem Bahnhof, sagten ihm herzlich Lebewohl und auf Wiedersehen! Denn er wird wiederkommen.

Was sagt diese Geschichte alles! Ein neues Leben vermag selbst Verbrecher zu bessern. Und wir haben doch verhältnismäßig sehr wenig Verbrecher. Man lese dazu eine interessante Statistik, „Die Kriminalität der Juden in Deutschland“, die von Dr. P. Nathan in Berlin – im Auftrage des Komitees zur Abwehr antisemitischer Angriffe – auf Grund amtlicher Ausweise zusammengestellt wurde. Freilich geht aber diese zahlenerfüllte Schrift, wie manche andere „Abwehr“, von dem Irrtum aus, daß sich der Antisemitismus vernünftig widerlegen lasse. Man haßt uns vermutlich ebensosehr wegen unserer Vorzüge wie wegen unserer Fehler.

Vorteile der Judenwanderung

Ich denke mir, daß die Regierungen diesem Entwurfe freiwillig oder unter dem Drucke ihrer Antisemiten einige Aufmerksamkeit schenken werden, und vielleicht wird man sogar da und dort von Anfang an dem Plane mit Sympathie entgegenkommen und es der Society of Jews auch zeigen.

Denn durch die Judenwanderungen, die ich meine, können keine wirtschaftlichen Krisen entstehen. Solche Krisen, die im Gefolge von Judenhetzen überall kommen müßten, würden durch die Ausführung dieses Entwurfes vielmehr verhindert werden. Eine große Periode der Wohlfahrt würde in den jetzt antisemitischen Ländern beginnen. Es wird ja, wie ich schon oft sagte, eine innere Wanderung der christlichen Staatsbürger in die langsam und planvoll evakuierten Positionen der Juden stattfinden. Wenn man uns nicht nur gewähren läßt, sondern geradezu hilft, so wird die Bewegung überall befruchtend wirken. Es ist auch eine bornierte Vorstellung, von der man sich freimachen muß, daß durch den Abzug vieler Juden eine Verarmung der Länder eintreten müßte. Anders stellt sich ein Abzug infolge von Hetzen dar, wobei allerdings, wie in der Verwirrung eines Krieges, Güter zerstört werden. Und anders ist der friedliche, freiwillige Abzug von Kolonisten, wobei alles unter Schonung erworbener Rechte, in vollster Gesetzlichkeit, frei und offen, am hellen Tage, unter den Augen der Behörden, unter der Kontrolle der öffentlichen Meinung vollzogen werden kann. Die Auswanderung von christlichen Proletariern nach anderen Weltteilen käme durch die Judenbewegung zum Stillstande.

Die Staaten hätten ferner den Vorteil, daß ihr Exporthandel gewaltig wüchse, denn da die ausgewanderten Juden drüben noch lange auf die europäischen Erzeugnisse angewiesen wären, müßten sie sie notwendig beziehen. Durch die Ortsgruppen würde ein gerechter Ausgleich geschaffen, die gewohnten Bedürfnisse müßten sich noch lange an den gewohnten Orten decken.

Einer der größten Vorteile wäre wohl die soziale Erleichterung. Die soziale Unzufriedenheit könnte auf eine Zeit hinaus beschwichtigt werden, die vielleicht zwanzig Jahre, vielleicht länger dauern würde, jedenfalls aber die ganze Zeit der Judenwanderung hindurch anhielte.

Die Gestaltung der sozialen Frage hängt nur von der Entwicklung der technischen Mittel ab. Der Dampf hat die Menschen um die Maschinen herum in den Fabriken versammelt, wo sie aneinandergedrückt sind und durcheinander unglücklich werden. Die Produktion ist eine ungeheure, wahllose, planlose, führt jeden Augenblick zu schweren Krisen, durch die mit den Unternehmern auch die Arbeiter zugrunde gehen. Der Dampf hat die Menschen aneinandergepreßt, die Anwendung der Elektrizität wird sie vermutlich wieder auseinanderstreuen und vielleicht in glücklichere Arbeitszustände bringen. Jedenfalls werden die technischen Erfinder, die wahren Wohltäter der Menschheit, auch nach Beginn der Judenwanderung weiterarbeiten und hoffentlich so wunderbare Dinge finden wie bisher, nein, immer wunderbarere. Schon scheint das Wort „unmöglich“ aus der Sprache der Technik verschwunden zu sein. Käme ein Mann des vorigen Jahrhunderts wieder, er fände unser ganzes Leben voll unbegreiflicher Zaubereien. Wo wir Modernen mit unseren Hilfsmitteln erscheinen, verwandeln wir die Wüste in einen Garten. Zur Errichtung von Städten genügen uns jetzt so viele Jahre, als man in früheren Epochen der Geschichte Jahrhunderte brauchte – dafür zahllose Beispiele in Amerika. Die Entfernungen sind als Hindernis überwunden. Die Schatzkammer des modernen Geistes enthält schon unermeßliche Reichtümer; jeder Tag vermehrt sie, hunderttausend Köpfe sinnen, suchen auf allen Punkten der Erde, und was einer entdeckt hat, gehört im nächsten Augenblick der ganzen Welt. Wir selbst möchten im Judenlande alle neuen Versuche benützen, vorbilden, und wie wir im Siebenstundentage ein Experiment zum Wohl der ganzen Menschheit machen, so wollen wir in allem Menschenfreundlichen vorangehen und als neues Land ein Versuchsland und Musterland vorstellen.

Nach dem Abzug der Juden werden die von ihnen geschaffenen Unternehmungen verbleiben, wo sie waren. Und nicht einmal der jüdische Unternehmungsgeist wird dort fehlen, wo man ihn gerne sieht. Das mobile jüdische Kapital wird auch fernerhin seine Anlagen dort suchen, wo seinen Besitzern die Verhältnisse wohlbekannt sind. Und während jetzt das jüdische Geldkapital wegen der Verfolgung außer Landes die entlegensten Unternehmungen aufsucht, wird es bei dieser friedlichen Lösung zurückkehren und zum weiteren Aufschwung der bisherigen Wohnorte der Juden beitragen.

Schlußwort

Wie vieles ist noch unerörtert geblieben, wie viele Mängel, schädliche Flüchtigkeiten und nutzlose Wiederholungen weist noch immer diese Schrift auf, die ich mir lange wohl bedacht und oft überarbeitet habe.

Der redliche Leser, der auch verständig genug ist, im Innern der Worte zu lesen, wird sich von den Mängeln nicht abstoßen lassen. Er wird sich eher angeeifert fühlen, mit seinem Scharfsinn und seiner Kraft teilzunehmen an einem Werk, das keinem einzelnen gehört, und es zu verbessern.

Habe ich nicht selbstverständliche Dinge erklärt und wichtige Bedenken übersehen?

Einige Einwände habe ich zu widerlegen versucht; ich weiß, es gibt noch andere, viele, es gibt hohe und niedere.

Zu den hohen Einwendungen gehört es, daß in der Welt die Notlage der Juden nicht die einzige ist. – Ich meine aber, daß wir immerhin anfangen sollen, ein wenig Elend hinwegzuräumen; wäre es auch vorläufig nur unser eigenes.

Ferner kann gesagt werden, daß wir nicht neue Unterschiede zwischen die Menschen bringen sollten; keine neuen Grenzen errichten, lieber die alten verschwinden machen. – Ich meine, das sind liebenswerte Schwärmer, die so denken; aber der Staub ihrer Knochen wird schon spurlos zerblasen sein, wenn die Vaterlandsidee noch immer blühen wird. Die allgemeine Verbrüderung ist nicht einmal ein schöner Traum. Der Feind ist nötig für die höchsten Anstrengungen der Persönlichkeit.

Aber wie? Die Juden würden wohl in ihrem eigenen Staat keinen Feind mehr haben, und da sie im Wohlergehen schwach werden und schwinden, so würde das Judenvolk dann erst recht zugrunde gehen? – Ich meine, die Juden werden immer genug Feinde haben, wie jede andere Nation. Wenn sie aber auf ihrem eigenen Boden sitzen, können sie nie mehr in alle Welt zerstreut werden. Wiederholt kann die Diaspora nicht werden, solange die ganze Kultur der Welt nicht zusammenbricht. Und davor kann sich nur ein Einfältiger fürchten. Die jetzige Kultur hat Machtmittel genug, um sich zu verteidigen.

Die niederen Einwendungen sind zahllos, wie es ja auch mehr niedere Menschen gibt als hohe. Einige beschränkte Vorstellungen versuchte ich niederzuringen. Wer sich hinter die weiße Fahne mit den sieben Sternen stellen will, muß mithelfen in diesem Aufklärungs-Feldzug. Vielleicht wird der Kampf zuerst gegen manche bösen, engherzigen, beschränkten Juden geführt werden müssen.

Wird man nicht sagen, daß ich den Antisemiten Waffen liefere? Warum? Weil ich das Wahre zugebe? Weil ich nicht behaupte, daß wir lauter vortreffliche Menschen unter uns haben?

Wird man nicht sagen, daß ich einen Weg zeige, auf dem man uns schaden könnte? Das bestreite ich auf das entschiedenste. Was ich vorschlage, kann nur ausgeführt werden mit freier Zustimmung der Judenmehrheit. Es kann gegen einzelne, selbst gegen die Gruppen der jetzt mächtigsten Juden gemacht werden – aber nie und nimmermehr vom Staat aus gegen alle Juden. Man kann die gesetzliche Gleichberechtigung der Juden, wo sie einmal besteht, nicht mehr aufheben; denn schon die einleitenden Versuche würden sofort alle Juden, arm und reich, den Umsturzparteien zujagen. Schon der Beginn offizieller Ungerechtigkeiten gegen die Juden hat überall wirtschaftliche Krisen im Gefolge. Man kann also eigentlich wenig Wirksames gegen uns tun, wenn man sich nicht selbst weh tun will. Dabei wächst und wächst der Haß. Die Reichen spüren davon nicht viel. Aber unsere Armen! Man frage unsere Armen, die seit der Erneuerung des Antisemitismus furchtbarer proletarisiert wurden als je vorher.

Werden einige Wohlhabende meinen, der Druck sei noch nicht groß genug für die Auswanderung und selbst bei gewaltsamen Judenaustreibungen zeige sich, wie ungern unsere Leute gingen? Ja, weil sie nicht wissen, wohin! Weil sie nur aus einem Elend ins andere kommen. Aber wir zeigen ihnen den Weg in das Gelobte Land. Und mit der schrecklichen Macht der Gewohnheit muß die herrliche Macht der Begeisterung ringen.

Die Verfolgungen sind nicht mehr so bösartig wie im Mittelalter? Ja, aber unsere Empfindlichkeit ist gewachsen, so daß wir keine Verminderung der Leiden spüren. Die lange Verfolgung hat unsere Nerven überreizt.

Und wird man noch sagen: die Unternehmung sei hoffnungslos, selbst wenn wir das Land und die Souveränität bekommen – weil nur die Armen mitgehen werden? Gerade die brauchen wir zuerst! Nur die Desperados taugen zum Erobern.

Wird jemand sagen: Ja, wenn das möglich wäre, hätte man es schon gemacht?

Früher war es nicht möglich. Jetzt ist es möglich. Noch vor hundert, vor fünfzig Jahren wäre es eine Schwärmerei gewesen.

Heute ist das alles wirklich. Die Reichen, die einen genußvollen Überblick über sämtliche technischen Errungenschaften haben, wissen sehr gut, was mit Geld alles gemacht werden kann. Und so wird es zugehen: Gerade die Armen und Einfachen, die gar nicht ahnen, welche Gewalt über die Naturkräfte der Mensch schon besitzt, werden die neue Botschaft am stärksten glauben. Denn sie haben die Hoffnung auf das Gelobte Land nicht verloren.

Da ist es, Juden! Kein Märchen, kein Betrug! Jeder kann sich davon überzeugen, denn jeder trägt ein Stück vom Gelobten Land hinüber; der in seinem Kopf, und der in seinen Armen, und jener in seinem erworbenen Gut

Nun könnte es scheinen, als wäre das eine langwierige Sache. Auch im günstigsten Falle würde der Beginn der Staatsgründung noch viele Jahre auf sich warten lassen. Inzwischen werden die Juden auf tausend Punkten gehänselt, gekränkt, gescholten, geprügelt, geplündert und erschlagen. Nein, wenn wir auch nur beginnen, den Plan auszuführen, kommt der Antisemitismus überall und sofort zum Stillstand. Denn er ist der Friedensschluß. Wenn die Jewish Company gebildet ist, wird diese Nachricht in einem Tage nach den fernsten Punkten der Erde durch den Blitz unserer Drähte hinausgetragen worden sein.

Und augenblicklich beginnt auch die Erleichterung. Aus den Mittelständen fließen unsere überproduzierten mittleren Intelligenzen, fließen ab in unsere ersten Organisationen, bilden unsere ersten Techniker, Offiziere, Professoren, Beamten,

Juristen, Ärzte. Und so geht die Sache weiter, eilig und doch ohne Erschütterung.

Man wird in den Tempeln beten für das Gelingen des Werkes. Aber in den Kirchen auch! Es ist die Lösung eines alten Druckes, unter dem alle litten.

Aber zunächst muß es licht werden in den Köpfen. Der Gedanke muß hinausfliegen bis in die letzten jammervollen Nester, wo unsere Leute wohnen. Sie werden aufwachen aus ihrem dumpfen Brüten. Denn in unser aller Leben kommt ein neuer Inhalt. Jeder braucht nur an sich selbst zu denken, und der Zug wird schon ein gewaltiger.

Und welcher Ruhm erwartet die selbstlosen Kämpfer für die Sache!

Darum glaube ich, daß ein Geschlecht wunderbarer Juden aus der Erde wachsen wird. Die Makkabäer werden wieder aufstehen.

Noch einmal sei das Wort des Anfangs wiederholt: Die Juden, die wollen, werden ihren Staat haben.

Wir sollen endlich als freie Männer auf unserer eigenen Scholle leben und in unserer eigenen Heimat ruhig sterben.

Die Welt wird durch unsere Freiheit befreit, durch unseren Reichtum bereichert und vergrößert durch unsere Größe.

Und was wir dort nur für unser eigenes Gedeihen versuchen, wirkt machtvoll und beglückend hinaus zum Wohle aller Menschen.